COMPETÊNCIAS

A Grande Virada
na Cultura de Uma Empresa

Pessoas fazendo a diferença

Maria Odete Rabaglio

COMPETÊNCIAS

A Grande Virada
na Cultura de Uma Empresa

Pessoas fazendo a diferença

Copyright© 2013 by Maria Odete Rabaglio

Todos os direitos desta edição reservados à Qualitymark Editora Ltda.
É proibida a duplicação ou reprodução deste volume, ou parte do
mesmo, sob qualquer meio, sem autorização expressa da Editora.

Direção Editorial	Produção Editorial
SAIDUL RAHMAN MAHOMED editor@qualitymark.com.br	EQUIPE QUALITYMARK

Capa	Editoração Eletrônica
EQUIPE QUALITYMARK	APED Apoio e Produção Ltda.

CIP-BRASIL. CATALOGAÇÃO NA PUBLICAÇÃO
SINDICATO NACIONAL DOS EDITORES DE LIVROS, RJ

R111c

    Rabaglio, Maria Odete
       Competências : a grande virada na cultura de uma empresa : pessoas fazendo a diferença / Maria Odete Rabaglio. – 1. ed. – Rio de Janeiro : Qualitymark Editora, 2013.
       216 p. : il. ; 21 cm.

    Inclui bibliografia e índice
    ISBN 978-85-414-0111-1

    1. Administração de pessoal. 2. Recursos humanos. Título.

13-03247   CDD: 658.3
                                                                                         CDU: 005.95/.96

2013
IMPRESSO NO BRASIL

Qualitymark Editora Ltda.
Rua Teixeira Júnior, 441 – São Cristovão
20921-405 – Rio de Janeiro – RJ
Tel.: (21) 3295-9800 ou 3094-8400

QualityPhone: 0800-0263311
www.qualitymark.com.br
E-mail: quality@qualitymark.com.br
Fax: (21) 3295-9824

Dedicatória

Dedico este livro a todas as pessoas e profissionais comprometidos com seu próprio desenvolvimento, com flexibilidade para aceitar novas práticas que os levem à eficácia na vida pessoal e profissional; às pessoas e profissionais capazes de influenciar pessoas através das suas ações e interações positivas, capazes de contagiar e inspirar com seu entusiasmo, para a busca de crescimento, desenvolvimento e *aperfeiçoamento; a todas as pessoas e profissionais que entenderam o que é perfil de competência e têm o desejo de multiplicá-las, com ações energizantes, firmes, focadas, determinadas, tendo o sucesso como resultado natural.*

Dedico a todos aqueles que valorizam seu perfil de competências e entendem que a porta do sucesso é o próprio perfil. Toda e qualquer ação que realizamos é através do nosso perfil de competências. Dedico a todos que investem no próprio perfil, valorizando seu "passe" a cada dia.

Agradecimentos

Agradeço a todos os parceiros e clientes que, após conhecer esta metodologia, fez dela sua prática e referência para fazer Gestão e Desenvolvimento de Pessoas em empresas de todos os segmentos que buscam as melhores práticas do mercado.

Agradeço imensamente aos professores de graduação, pós graduação, MBA e diversas especializações que incluíram os meus livros e minha metodologia de Gestão por Competências no conteúdo programático dos seus cursos e compartilharam com seus alunos as técnicas e ferramentas para fazer Gestão e Desenvolvimento de Pessoas por Competências.

Agradeço aos persistentes profissionais de Recursos Humanos ou Gestão de Pessoas que estão com seus projetos na gaveta, aguardando aprovação. Não desistam nunca; se não é possível hoje, será amanhã, e fará a diferença na sua gestão.

Apresentação

Este livro tem o objetivo de mostrar para os gestores da área de Recursos Humanos ou Gestão de Pessoas de todo tipo de organização que, por mais conservadora que seja uma empresa, sempre há uma forma de começar a influenciar no sentido de vender os seus projetos de desenvolvimento, principalmente para as pessoas mais influentes e decisoras da empresa. É preciso estar atento e observar as brechas que aparecem no dia a dia, capazes de facilitar a aprovação de uma proposta de solução. Os passos abaixo podem ajudar a área de RH ou Gestão de Pessoas a fazer a diferença em suas extensões:

O primeiro passo é acreditar que tem potencial e está capacitado para contribuir com os resultados da empresa.

O segundo passo é reconhecer o momento certo para propor as mudanças.

O terceiro passo é a segurança para aproveitar toda oportunidade de ousar, por menor que seja, e divulgar os resultados, para gerar credibilidade.

O quarto passo é jamais desistir, mesmo que ouça muitos nãos; sempre mudar a estratégia em busca do "sim", sem demonstrar decepção.

O quinto passo é se manter atualizado, seguro e desenvolver a habilidade de negociação, capacidade de influenciar, sempre com foco nos benefícios, mostrando as vantagens do projeto, os resultados esperados, demonstrando a visão estratégica e o foco na excelência em resultados.

A cultura da empresa passa por muitas transformações, pressionada pelo mercado. O que não era possível no passado, será no presente ou no futuro. Muitas vezes os profissionais ficam presos à cultura do passado, a ponto de não enxergar que muita coisa que não era possível lá atrás é possível agora, e quem acaba percebendo isso são novos colaboradores que estão isentos daquela cultura impregnada e arraigada, que já chegam na empresa realizando o que os antigos colaboradores tentaram e não conseguiram no passado.

É importante manter a visão global da empresa, dos cargos estratégicos, sempre investigando a oportunidade para novas propostas, observando os acontecimentos negativos que teriam como solução o projeto proposto.

Quando as adversidades acontecem, todos ficam fragilizados e mais acessíveis para ouvir. O RH Estratégico sempre faz bom uso dessas situações para propor seus projetos, reduzindo o índice de resistência.

É possível fazer a diferença, e para isso estar atento a tudo que acontece na empresa, sempre com propostas que tenham impacto positivo nos resultados. A área de Gestão de Pessoas deve ter conhecimento do negócio da empresa e ter projetos que ajudem a empresa a alcançar e superar seus desafios, missão, visão e estratégias. Quando os gestores estratégicos reconhecem na área de Gestão de Pessoas ou RH um parceiro que agrega valor e que tem a somar, esta área começa a ser estratégica e ganha visibilidade e credibilidade de toda empresa.

Tudo é possível, é preciso acreditar, criar estratégias específicas para cada proposta de mudança envolvendo todas as pessoas com comunicação clara, divulgação dos resultados e trabalhando em conjunto.

Neste livro, o profissional de Gestão de Pessoas enfrenta uma cultura conservadora, autoritária, individualista, com muitas dificuldades de comunicação com seus gestores. Este contexto não foi motivo para que ele desistisse dos projetos que pretendia implantar na empresa, e em algum momento estratégico, quando a empresa passa por uma situação difícil, ele consegue ser ouvido e, com isso, dar grandes contribuições – o que faz com que sua credibilidade cresça e, aos poucos, projetos antes considerados impossíveis passam a ser implantados, mudando a cultura da empresa, dos gestores, do modelo de liderança e da comunicação interna. O clima antes pesado, difícil, ganhou outros ares, fazendo com que os colaboradores tivessem orgulho da empresa e aumento do comprometimento e satisfação. Isso foi fruto de muito trabalho, e muitos projetos assertivos, que com a confiança dos gestores o RH conseguiu implementar.

O objetivo deste livro é inspirar Gestores de RH e Gestão de Pessoas a jamais desistirem de seus projetos, seja qual for a cultura da sua organização, acreditando que se pode fazer a diferença através das pessoas, contribuindo muito para melhorar os resultados qualitativos e quantitativos da empresa.

Prefácio

Maria Odete Rabaglio é pioneira em lançamento de ferramentas de subsistemas de Gestão de Pessoas por Competências, tendo sua obra publicada em quatro livros, além de ter projetos implantados em inúmeras empresas de todos os segmentos. A metodologia é muito conhecida e valorizada, principalmente por profissionais de Recursos Humanos ou Gestão de Pessoas.

Neste livro, conteúdos, técnicas e ferramentas da metodologia já publicada em suas outras publicações entram na prática da empresa Best Consulting, mostrando uma empresa inicialmente conservadora e centralizadora, de gestão autoritária, com um nível significativo de insatisfação dos colaboradores, se transformar na melhor empresa para se trabalhar no Brasil, graças à persistência, determinação e visão estratégica de um gestor de Gestão de Pessoas ou Recursos Humanos que soube persistir em seus objetivos e esperar o momento certo para sensibilizar seu Presidente, aproveitando esta oportunidade para mostrar eficácia em resultados e fazendo com que outros projetos fossem se tornando possíveis. Assim, de projeto em projeto, envolvendo todas as lideranças e depois todos os colaboradores, conseguiu uma transformação jamais esperada, ou jamais considerada possível por qualquer colaborador daquela empresa.

    Sem dúvida, o objetivo deste livro é ensinar o caminho das pedras e motivar os gestores de Recursos Humanos ou Gestão de Pessoas a nunca desistirem dos seus projetos e a serem estratégicos na sua forma de propor seus projetos. O profissional de RH é o "caçador do sim", "caçador do possível", o transformador e enriquecedor de perfis, de desenvolvedor da cultura organizacional, o cérebro que une pessoas a processos e resultados, fazendo pessoas felizes e resultados excelentes.

Sumário

Introdução 1
A equipe gestora 2
O perfil de Rui Severo 4
A família de Rui 5
A Best Consulting 6
O Diretor Comercial 7
O Gerente de Gestão de Pessoas 8
O Presidente 9
Projetos 10
Pessoa e o Presidente 10
Rui ficou pensativo 12
Rui continuou ouvindo: 13
Conclusão 37
Plano de Ação 39
Agenda de ações e reunião de acompanhamento 44
Primeira reunião de Rui Severo 45
Primeira reunião de acompanhamento 47
Segunda reunião de Rui 49
Segunda reunião de acompanhamento 51
Desafios das áreas comercial e tecnologia 52

Planos de Pessoa para João Carente
  e Linda Pensativa 54
A estratégia de Pessoa 56
A resposta de Rui 58
A contratação do Consultor 60
Entrega do Plano de Ação 64
O Progresso do Presidente 65
Primeira ação do cronograma
  com a consultoria externa 66
A prática dos cronogramas 70
O primeiro módulo de liderança 71
O pós-treinamento do Módulo I 72
O Módulo II para os gestores 73
O acidente do filho de Rui 74
Rui e o filho 76
Rui delegando 77
Recuperação de Gustavo Severo 78
A rotina da família Severo 78
A Empresa 80
A viagem da família Severo 81
O retorno de Rui 81
Os novos gestores 85
O projeto de desenvolvimento dos gestores 86
O filho de Rui quer trabalhar 88
Reunião de Gustavo com Ferdinando 88
A Reação de Rui 90
As providências de Ferdinando para
  o evento do Destaque do Semestre. 91
A conversa de Rui com Gustavo sobre a carreira 93
Ferdinando prepara o ingresso
  de Gustavo na Best 94
O primeiro evento de Destaques do Semestre 95
Ferdinando faz um balanço
  das suas ações de melhorias 99
Divulgação do relatório de Gestão de Pessoas 101
Primeira reunião de acompanhamento
  do estágio de Gustavo 102

Ferdinando ousa: propõe implantar Avaliação
    por Competências 103
A palestra com os gestores 111
A contratação da consultoria 112
Início do desenvolvimento
    das descrições de cargos 113
Desenvolvimento do mapeamento e da mensuração
    dos perfis de competências de todos
    os cargos 117
Desenvolvimento da ferramenta de Avaliação por
    Competências personalizada para
    cada cargo 120
Desenvolvimento dos procedimentos
    do projeto de Avaliação por Competências ... 123
Capacitação dos gestores avaliadores 131
Capacitação dos avaliados 132
Aplicação da avaliação: responder os questionários;
    mas, antes, o plantão de dúvidas 133
O primeiro disparo das avaliações 135
O segundo disparo das avaliações 136
Tabulação: 145
Acompanhamento dos Planos de Desenvolvimento
    de Competências – PDC (Plano de Ação) 146
Disseminação dos indicadores
    de desenvolvimento 147
Análise do projeto 148
Plano de Ferdinando para integração de Rui
    com sua equipe de gestores 148
Primeiro projeto: O Líder Oculto 149
Segundo projeto: Um Dia com o Presidente 150
Negociação do orçamento
    dos gaps de competências 151
Resposta de Rui sobre
    os projetos de integração 151
Planejamento do primeiro projeto –
    O Líder Oculto 154
Rui em ação - Primeira visita: 156

Segunda visita: 158
Terceira visita: 160
Quarta visita:... 162
Quinta visita:... 164
Reunião com anfitriões: 167
Convenção 171
O *buffet*: 173
Best no Prêmio das Melhores Empresas
    para se Trabalhar no Brasil 177
Universidade Corporativa................................... 179
O Leitor 183
Glossário 187
Referências Bibliográficas 189
Mini Currículo da Autora................................... 191
Alguns Clientes.. 193

O potencial do ser humano é imensurável, pena que muitos não acreditam.

Introdução

Rui Severo é diretor proprietário da Best Consulting Tecnology, empresa que teve um crescimento veloz, conquistando grande credibilidade no mercado de Tecnologia da Informação, o que trouxe grandes clientes de vários países e aumenta cada vez mais as responsabilidades e dedicação de toda equipe estratégica. A equipe gasta um tempo considerável administrando problemas internos e, embora seja uma equipe bem preparada tecnicamente, poderia empregar este tempo em criatividade, produtividade e resultados. Rui ainda não encontrou a solução para esses problemas, pois emprega seu tempo e energia na tecnologia, que é sua verdadeira área de domínio.

Rui comanda uma equipe de executivos de diferentes perfis com mãos de ferro, autoritarismo, centralização, garra e um profundo domínio técnico, o que, por um lado, agrega crescimento e conhecimento, e por outro gera conflitos interpessoais, como já era de se esperar. Alguns dos gestores serão personagens de grande participação na história de Rui e da Best Consulting.

A equipe gestora

Esta é a equipe estratégica do Presidente Rui Severo:
Diretor Comercial – **João Carente**
Diretor Administrativo – **Tony Idealista**
Gerente Comercial – **Maria dos Prazeres**
Diretora de Tecnologia – **Linda Pensativa**
Gerente de Gestão de Pessoas – **Ferdinando Pessoa**
Gerente de Logística – **Inventivo Paixão**
Gerente de Marketing – **Liza Acolhedora**
Gerente de TI – **Vanda Indecisa**

Gerente Administrativo II – **Benício Amoroso**
Estagiário (filho de Rui Severo) – **Gustavo Severo**
Esposa de Rui – **Maria Amélia Severo**

Cada um desses gestores comandam uma equipe de gerentes, técnicos especializados, coordenadores, assistentes, etc. É uma empresa bem estruturada tecnicamente, mas a parte de Gestão de Pessoas nunca teve nenhum investimento significativo e deixa muito a desejar, o que tem feito com que a empresa perca grandes talentos para a concorrência e internamente não conseguem compreender porque os talentos migram para outras empresas. Será que é por um salário melhor, por melhores benefícios, por um clima organizacional mais harmônico, por um plano de cargos e salários?

Na verdade, para ter esta resposta é preciso fazer uma pesquisa de clima organizacional, assim a direção terá todas as informações de que precisa para promover mudanças que possam reverter esta situação e fazer com que os talentos tenham orgulho da empresa e desejem continuar com ela. Mas... como convencer Rui a fazer a tal pesquisa? Quem conseguiria este prodígio?

Rui não entende o motivo dessas perdas, pois entende que tem a empresa perfeita; afinal, começou do nada e hoje tem um império tecnológico, e isso faz com que se sinta um super gestor, com muito a ensinar e muito pouco a aprender. Quem teria experiência maior que a dele? Um funcionário dele, teria algo a ensiná-lo? Claro que não; estavam lá para aprender com ele – esta era sua visão; se soubessem mais que ele, teriam suas próprias empresas e não estariam subordinados a ele.

O perfil de Rui Severo

Rui é empreendedor, agressivo e vaidoso, sempre quis deixar sua marca no mundo dos negócios, é prático, competitivo, autossuficiente, provocador e tem dificuldade para lidar com ineficiência ou fraquezas da equipe. Gostaria que toda equipe fosse a sua imagem e semelhança, assim teria uma equipe invencível, a seu ver. Reage muito mal quando algo dá errado e acaba magoando muita gente que trabalha com afinco para o sucesso da empresa. Sente necessidade de ostentar e demonstrar seu status e superioridade. Quer ser um destaque no mercado de tecnologia, seu foco está em ganhar cada vez mais, seu maior valor é o dinheiro e persegue com afinco o crescimento do seu patrimônio. Dedica-se aos negócios de corpo e alma, quer que o mercado o reconheça como um vencedor, de forma que não sobra tempo nem para ele mesmo; até sua saúde é negligenciada.

Com essas características vale a pena questionar:

- Como se relaciona com sua equipe, clientes internos e externos?
- De que forma reconhece e valoriza as boas práticas da equipe?
- Que tipo de *feedbacks* fornece para a equipe?
- Como trabalha em equipe?
- Como dá suporte para a equipe nas situações novas e adversas?
- Qual será o nível de satisfação da equipe com relação ao seu modelo de gestão?
- Será que tem a prática de delegar responsabilidades e investir no crescimento da equipe?

A família de Rui

A família de Rui se constitui de um filho, Gustavo Severo, e a esposa, Maria Amélia Severo, que reclama constantemente da ausência do marido, acusa-o de pai ausente e de não priorizar nenhum tempo para a família, de nem conhecer a mulher e o filho, e também já teve vários indícios de que é traída e isso a tem decepcionado profundamente.

Rui nunca se lembra dos aniversários do filho e da esposa, passa por cima de feriados, finais de semana, dedicando-se exclusivamente à empresa, e quando ouve reclamações da esposa, acha bobagem, coisa de mulher que não tem muito que fazer, retruca as queixas dizendo que o filho já tem atenção dela e que a missão dele é patrocinar e bancar o bem estar dos dois, sendo que para isso alguém tem que trabalhar naquela família. Geralmente fala com ironia, desdém, o que deixa a esposa ainda mais desvalorizada e insatisfeita com seu casamento. Nunca foi a uma festa escolar do filho, aos campeonatos, apresentações, nem mesmo do Dia dos Paes, o que entristecia o filho, porque não tinha uma lembrança de brincadeiras, passeios ou experiência felizes ao lado do pai.

Aqui também cabe um questionamento sobre a vida de Rui

- Rui tem uma vida pessoal com qualidade?
- Proporciona qualidade de vida para sua família?
- Mantém um bom relacionamento familiar?
- Ouve as queixas e insatisfações do filho e da esposa?

- Valoriza as relações familiares?
- Preocupa-se com a felicidade da família?
- Consegue equilibrar vida pessoal e profissional?
- Prioriza a felicidade e harmonia familiar?

A Best Consulting

Neste momento, Rui, com seu temperamento arrojado e competitivo, está assinando contratos internacionais de extrema importância para o crescimento da Best Consulting, sem fazer nenhuma contratação adicional, o que está gerando um enorme *stress* para a equipe que já estava sobrecarregada: estão trabalhando no limite de recursos humanos.

Severo tem metas muito arrojadas para o crescimento da empresa e investe pesado nesta sua visão individual, sem ouvir ninguém nem analisar ou atender a suas necessidades.

Aqui vale questionar:

- Há um bom planejamento para o crescimento da empresa?
- O plano é compartilhado com a equipe estratégica?
- A equipe estratégica tem alguma autonomia?
- Rui ouve opiniões antes de tomar suas grandes decisões?
- Ele compartilha com a equipe sua missão, visão, valores, estratégias?
- Rui trabalha em equipe?

- E as consequências de tudo isso, se a maioria das respostas for "não"?

O Diretor Comercial

O Diretor Comercial, João Carente, também muito competitivo e empreendedor, está comemorando as novas metas e sentindo-se realizado pela sua imprescindível participação na realização dos novos desafios. Ele é movido a desafios e acredita que será reconhecido e valorizado pelo seu Presidente, afinal quem vende é a equipe comandada por ele.

Constantemente em reuniões com a equipe enfatiza a importância da sua participação no crescimento da empresa. A Best Consulting não estaria no patamar em que se encontra sem o seu arrojo, dedicação, criatividade e empreendedorismo, nem sempre reconhecidos, mas isso não o desanimava a entregar toda sua energia em busca dos melhores e maiores resultados, mesmo que isso significasse atropelar a vida pessoal e familiar.

Aqui temos mais um perfil carregado de vaidades, autovalorização, engajado com a empresa, mas não com a equipe. Vale a pena perguntar:

- Este gestor consegue enxergar o que a equipe faz?
- Existe alguém visível na equipe, além dele mesmo?
- Valoriza as boas práticas da equipe?
- Como será a interação entre ele e sua equipe?
- Dá crédito ao bom trabalho da equipe ou credita todo o sucesso a si mesmo?

Os caçadores do possível não se detêm diante um "não"; são incansáveis.

O Gerente de Gestão de Pessoas

Ferdinando Pessoa, Gerente de Gestão de Pessoas, vive um momento difícil na empresa. Como vários executivos não têm acesso ao Presidente, a quem responde diretamente, a cobrança sobre a insatisfação dos gestores vai para o gerente de GP (Gestão de Pessoas), e desta vez está sendo cobrado por toda a equipe de gestores para aumentar as equipes, pois não conseguirão atender às novas demandas sem rever a quantidade de mão de obra. Mas não há autorização do Presidente para fazer nenhuma contratação, e assim não consegue atender à solicitação dos seus clientes internos. Ferdinando sente-se de mãos atadas e desmotivado com a situação, que sempre se repete. Isso também contribui para que a credibilidade de Ferdinando e da área de Gestão de Pessoas seja constantemente questionada pelos pares e diretores, que, acéfalos, convivem com enormes problemas insolúveis.

Pessoa é incansável em levar sugestões de melhorias que atendam às solicitações dos cliente internos, é comprometido, tem boas ideias, mas que nunca são ouvidas nem analisadas pelo Presidente. Ele acredita que pode ajudar a mudar aquela cultura centralizadora, conservadora e autoritária, mas para isso precisa da autorização, pois nada acontece naquela empresa sem o aval do inquieto e inflexível Presidente.

Ferdinando não se deixa desanimar e está sempre pensando numa estratégia diferente para atingir o Presidente e se fazer ouvir por ele. O que poderá funcionar neste sentido? Quantos "nãos" já ouviu do Presidente? Será que algum dia conseguirá uma estratégia que funcione com ele? Só conseguirá fazer um bom trabalho se começar de cima para baixo, isto está muito claro, mas... como?

Quem são nossos aliados para desbravar novos projetos? Juntos, somos muito mais fortes.

O Presidente

As decisões individualistas de Rui criam dificuldades para a equipe, por mais que seja procurado e receba pedido de ajuda. Não ouve ninguém e acredita que seu método de gerenciar é infalível. Acha que age com perfeição, portanto não necessita de sugestões e opiniões da equipe para atingir seus resultados e conduzir sua empresa. Afinal, dirige uma empresa de sucesso. Não teria chegado até ali ouvindo opiniões de quem não tem o mesmo conhecimento que ele, por isso não vai perder tempo com quem não sabe o que fala – este é o seu raciocínio, por isso não perde tempo ouvindo bobagens.

Mas... nem sempre as coisas dão tão certo quanto ele espera; por que será?

Projetos

As equipes envolvidas nos novos contratos tiveram muitos contratempos, além de aumento significativo de trabalho sem aumento da equipe; tiveram que administrar um surto de gripe suína, que afastou boa parte dos colaboradores, deixando as equipes ainda mais sobrecarregadas, não conseguindo, assim, cumprir os prazos negociados com os clientes. Isso gerou uma crise na empresa, e os contratos tiveram que ser renegociados, gerando multas, muita insatisfação e prejuízos para os clientes.

Rui ficou irado e bombardeou seus executivos com ofensas, culpando-os por todas as adversidades. Em nenhum momento admitiu que isso pudesse ser evitado com a contratação de pessoas para a nova demanda. Afinal, ele não erra; se algo dá errado, os culpados, ineficientes, incompetentes são as equipes que o acompanham.

Pessoa e o Presidente

Ferdinando Pessoa era um profissional equilibrado, atualizado, com boas ideias e várias sugestões de projetos que sempre eram vetados pelo Presidente, que estava totalmente voltado para outras prioridades. Sabia que tinha que fazer alguma coisa para mudar aquela situação, mas o quê?

Tinha que aproveitar aquela crise para fazer alguma intervenção que fizesse Rui pensar em suas atitudes e o quanto dificultava o trabalho e a entrega dos seus gestores.

Certo dia, numa reunião com o Presidente, Ferdinando resolveu ousar e lhe fez algumas perguntas:

"Qual o seu objetivo número um?" – perguntou ao Presidente.

E a resposta foi: "Fechar mega projetos, aumentar a empresa e melhorar resultados continuamente, ser uma referência no meu mercado de atuação."

A segunda pergunta foi: "O Sr. tem convicção de que todas as suas decisões estão alinhadas com este objetivo?"

Ele, sem dúvida, respondeu que sim, que investia na empresa e prospectava novos negócios e clientes continuamente.

Então veio a terceira pergunta: "Na sua avaliação, o que determinou as multas e a perda de excelentes contratos?"

"A incompetência da equipe", respondeu ele sem pestanejar. "Trabalham comigo há tanto tempo e ainda não posso confiar, é só delegar um projeto importante, acontece uma tragédia como esta, este bando de incompetentes só me decepciona!"

E Pessoa arriscou sua opinião: "Se me permite, gostaria de apontar alguns motivos que merecem ser analisados: a falta de pessoas para assumir as novas demandas foi um dos fatores deste insucesso. Todos os gestores apontaram esta necessidade e não foram atendidos, porque as contratações foram vetadas. Realmente, tinham esta necessidade comprovada em análises realizadas e contabilizadas, o que levou à crise de produtividade na empresa. Também precisavam contratar com tempo suficiente para treinar as novas equipes, e passaram por tudo isso mostrando a quantidade de tempo de treinamento que precisavam para que todos estivessem aptos a assumir os novos projetos, mas todas as solicitações e análises conjuntas não levaram a nenhum resultado."

Ferdinando falava sem saber que tipo de reação poderia vir da parte de Rui, afinal ele nunca ouviu uma frase ou um pensamento até o fim, como desta vez.

Rui, pela primeira vez, ouviu, mas não gostou e tentou contra-argumentar. Todavia, Pessoa estava disposto a continuar e insistiu: "Temos problemas de perfil com nossas equipes, não podemos negar isso, mas sempre cumprem suas metas e se dedicam com muito afinco, só não fazem o impossível". E lembrou de vários desafios que as equipes conseguiram vencer, tentando mostrar que não se tratava de uma equipe de incompetentes, como acabara de ouvir. Mais uma vez, o Presidente ouviu até o fim; isso era para Ferdinando um indicador de que deveria insistir e estava realmente disposto a arriscar.

Severo só se lembrava dos erros, fracassos, prejuízos, os quais creditava à incompetência da equipe, e desta vez estava ouvindo sobre a capacidade da equipe em atender a grandes desafios.

Todos temos obstáculos e adversidades;
o diferencial é que alguns se detêm diante
disso e outros persistem e encontram a saída.

Rui ficou pensativo

Pessoa continuou: "Sei que o Sr. quer o melhor para a empresa, e todos nós queremos também, não tenha dúvidas quanto a isso. Tenho algumas propostas porque algumas mudanças precisam começar de cima; não tenho tido espaço para agir e sei que posso contribuir com o sucesso e resultados da empresa. Mas dependo do seu apoio, suporte e cumplicidade; sem isso não consigo fazer nenhuma diferença. Minha área não tem a credibilidade dos gestores, porque nunca consigo atender às suas necessidades; minhas solicitações ficam presas aqui e muitas vezes não tenho nenhum *feedback*, o que significa que não tenho retorno para dar aos meus clientes internos. Não tenho conseguido fazer nenhuma diferença em gestão de pessoas, tenho me limitado às responsabilidades administrativas, e não é o objetivo do meu departamento. Preciso atender, das respostas rápidas, contribuir para o sucesso e resultados das equipes que precisam da minha ajuda. Mas... só conseguirei trabalhar desta forma tendo a sua parceria e confiança, se é que tenho merecido isso na sua concepção."

Rui continuou ouvindo:

"Gostaria de saber se está disposto a ouvir minhas sugestões.""Não acredito que possa mudar essas cabeças duras, estagnadas, e não temos orçamento para gastar com isso", respondeu Rui.

"Minha sugestão, Sr. Rui, é começar com algumas propostas para o Senhor. Gostaria que respondesse um pequeno teste sobre perfil de gestão, para identificarmos suas oportunidades de melhoria nesta área. Conhecemos sua excelência técnica, mas isso não é tudo, e se acreditar que este trabalho possa trazer resultados, poderemos criar um plano para todas as lideranças, com a sua validação, que vai gerar credibilidade, envolver e fazer com que todos se comprometam com melhorias. O que acha?

Estou pedindo um voto de confiança para realizarmos este projeto piloto e, a partir da experiência, ouvir o seu *feedback*."

"*Feedback* é outra bobagem que inventaram e que não faz diferença nenhuma", disse Rui. "É uma perda de tempo!"

"Respeito sua opinião e peço que também ouça as minhas, antes de qualquer recusa."

O Presidente balançou a cabeça e respondeu: "Tinha que ser a Gestão de Pessoas para inventar novidades e tomar o meu precioso tempo."

Ferdinando respondeu que tinha a perfeita noção do quão precioso era cada minuto do Presidente, portanto não faria uma proposta infrutífera; estava preocupado com o que aconteceu e queria dar algumas sugestões de melhoria que, tinha certeza, traria bons resultados e poderia evitar outros prejuízos como o que acontecera.

"Quanta insistência", disse Rui. Você acredita mesmo que pode mudar alguma coisa e quer que eu pague para ver?"

"Sim", disse Ferdinando, "Se achar que mereço alguma confiança, deixe-me agir e, se após a primeira etapa não achar conveniente, então paramos. Mas peço que conheça as ferramentas que tenho antes de qualquer resposta."

"Tudo bem, traga o tal teste e vamos ver do que ele é capaz de fazer", respondeu, sem acreditar que algo pudesse mudar.

    Pessoa ficou animado com a possibilidade de iniciar um investimento na mudança do perfil de Rui e se empenhou nesta possibilidade. Afinal, era uma oportunidade única e imperdível, era o seu maior desafio, porque, conseguindo envolver o Presidente em ações de melhoria, teria o aval para dar continuidade com os demais gestores, e isso faria uma grande diferença para os resultados da empresa, além de fortalecer e valorizar a área de gestão de pessoas e permitir que os clientes internos tenham um atendimento coerente com suas necessidades. Ferdinando pensava longe e agiu com cautela para atingir seus objetivos.

As sementes de hoje serão os frutos do amanhã, antes de plantar é preciso saber o que queremos colher no futuro!

Ferdinando, cuidadosamente, preparou o seguinte questionário para que Rui respondesse:

Autoavaliação:
Dê graus de 1 a 5 de acordo com aplicabilidade da frase na sua real experiência profissional, partindo do seguinte raciocínio:

Grau 1 = A frase está completamente diversa da forma como age.
Grau 2 = Algumas vezes age desta forma.
Grau 3 = Está na média com relação à forma como age.
Grau 4 = Muitas vezes age desta forma.
Grau 5 = Sempre age desta forma.

Nº	Dr. Rui Severo – Presidente.	Grau
01	Tenho completa visão do mercado, cliente, empresa e consigo descobrir nichos para potencializar resultados.	
02	Faço investimentos estratégicos para alcançar novos clientes e mercado.	
03	Faço contatos e negociações que geram novos negócios para empresa.	
04	Tenho perfeita noção das necessidades dos clientes internos e procuro atendê-los, na medida do possível.	
05	Trabalho de forma cooperativa com minha equipe de gestores, apoiando e dando suporte necessário.	
06	Tenho comunicação eficaz com minhas equipes de trabalho, estimulo sugestões e fortaleço a missão, visão e valores da empresa, buscando sempre trabalhar em equipe.	

Continua na próxima página

Nº	Dr. Rui Severo – Presidente.	Grau
07	Faço reuniões periódicas de planejamento, informações, motivação e celebração, de forma produtiva e participativa.	
08	Implanto e reformulo estratégias para retenção dos talentos humanos na minha empresa.	
09	Dou suporte para a área de Gestão de Pessoas para que possa potencializar resultados através de pessoas.	
10	Minhas estratégias de motivação de equipes fazem com que eu tenha admiração da equipe e entusiasmo pelas metas.	

No dia seguinte, Pessoa pediu para a secretária uma pequena reunião com o Presidente. Levou o questionário, informando que era um formulário objetivo, simples, mas que se fosse respondido com sinceridade poderia gerar excelentes resultados. Insistiu que desse respostas autênticas e devolvesse para que ele fizesse análise e lhe trouxesse uma devolutiva. Assim foi feito. O Presidente começou a ler as primeiras questões e se dar o grau máximo, inflando o seu ego e achando que realmente era o melhor, mas de repente se deparou com algumas questões onde sua prática não era compatível e teve que reduzir as notas. Algumas "fichas" começaram a cair, e ele já sabia que o *feedback* não seria de competência máxima, o que já foi um primeiro passo para sensibilizar este gestor sobre necessidades de mudança no seu perfil. Só que, sem devolutiva e continuidade, logo esqueceria e voltaria aos seus vícios comportamentais.

A resposta do Presidente devolvida para Pessoa foi a seguinte:

Nº	Dr. Rui Severo – Presidente	Grau
01	Tenho completa visão do mercado, cliente, empresa e consigo descobrir nichos para potencializar resultados.	5
02	Faço investimentos estratégicos para alcançar novos clientes e mercado.	5
03	Faço contatos e negociações que geram novos negócios para empresa.	5
04	Tenho perfeita noção das necessidades dos clientes internos e procuro atendê-los na medida do possível.	3
05	Trabalho de forma cooperativa com minha equipe de gestores, apoiando e dando suporte necessário.	3
06	Tenho comunicação eficaz com minhas equipes de trabalho, estimulo sugestões e fortaleço a missão, visão e valores da empresa, buscando sempre trabalhar em equipe.	2
07	Faço reuniões periódicas de planejamento, informações, motivação e celebração, de forma produtiva e participativa.	1
08	Implanto e reformulo estratégias para retenção dos talentos humanos na minha empresa.	2
09	Dou suporte para a área de Gestão de Pessoas para que possa potencializar resultados através de pessoas.	3
10	Minhas estratégias de motivação de equipes fazem com que eu tenha admiração da equipe e entusiasmo pelas metas.	3

Pessoa ficou impactado com os graus abaixo de 5. O Presidente se autoavaliara com grau 1! Isso era mesmo uma situação rara e precisava ser muito bem aproveitada; era o indicador com o qual ele estava mesmo disposto a colaborar.

Pessoa fez o diagnóstico de cada item e foi impecável no *feedback*, começando pela parte positiva, para gerar empatia e credibilidade com seu Presidente, afinal era uma situação delicada e, se não desse certo, todo um sonho de projeto de desenvolvimento de competências gerenciais poderia ir por água abaixo.

Os caçadores do possível não se detêm diante um "não"; são persistentes, determinados e realizadores.

Você chega até onde acredita que pode chegar.

Diagnóstico:

Nº	Dr. Rui Severo – Presidente	Grau	Diagnóstico
01	Tenho completa visão do mercado, cliente, empresa e consigo descobrir nichos para potencializar resultados.	5	Sendo o Sr. Presidente um grande empreendedor, visionário e proativo, sem dúvidas só poderia mesmo ter grau máximo neste quesito. As principais competências utilizadas nessas ações são: visão sistêmica, estratégica, proatividade, empreendedorismo, planejamento, capacidade de análise, tomada de decisão, capacidade de risco e foco em resultados. Realmente, essas competências são pontos fortíssimos no seu perfil, grandes responsáveis pelo seu sucesso e excelência em resultados.

N°	Dr. Rui Severo – Presidente	Grau	Diagnóstico
02	Faço investimentos estratégicos para alcançar novos clientes e mercado.	5	Também neste quesito o Presidente dá *show* de eficiência e eficácia. As principais competências para esta ação são: inovação, criatividade, visão sistêmica e estratégica, tomada de decisão, empreendedorismo, proatividade, planejamento, capacidade de análise, tomada de decisão, foco em resultados e foco no cliente. Só me resta parabenizar e desejar que mantenha este perfil de competências neste nível de excelência.
03	Faço contatos e negociações que geram novos negócios para empresa.	5	Este quesito também apresenta pontos fortes do seu perfil, pois tem sido impecável nessas ações, que têm como principais competências: negociação, capacidade de risco, capacidade de análise, foco em resultados, visão estratégica, empreendedorismo e criatividade.

Nº	Dr. Rui Severo – Presidente	Grau	Diagnóstico
04	Tenho perfeita noção das necessidades dos clientes internos e procuro atendê-los na medida do possível.	3	Aqui o Sr. se avaliou com uma nota mediana, demonstrando que não é um ponto forte do seu perfil. A identificação desta oportunidade de melhoria poderá trazer muitos ganhos para sua gestão. As competências responsáveis por esta ação são: foco em pessoas, saber ouvir, empatia, cooperação, disponibilidade, espírito de equipe.
05	Trabalho de forma cooperativa com minha equipe de gestores, apoiando e dando suporte necessário.	3	Neste quesito também a avaliação foi mediana, o que significa que há espaço para aperfeiçoamento. As principais competências responsáveis por esta ação são: cooperação, espírito de equipe, foco em pessoas, relacionamento interpessoal, liderança participativa, liderança orientadora, liderança desenvolvedora, liderança motivadora.

Continua na próxima página

N°	Dr. Rui Severo – Presidente	Grau	Diagnóstico
06	Tenho comunicação eficaz com minhas equipes de trabalho, estimulo sugestões procurando trabalhar em equipe.	2	Neste quesito sua avaliação ficou abaixo da média, o que significa uma prioridade e uma grande oportunidade de mudança, a qual poderá trazer excelentes resultados na agilidade, entrega e motivação das equipes. As principais competências responsáveis por esta ação são: comunicação interpessoal, relacionamento interpessoal, espírito de equipe, saber ouvir, engajamento; liderança participativa, orientadora, motivadora, integradora; foco em pessoas.

Continua na próxima página

	Dr. Rui Severo – Presidente		Diagnóstico
Nº		Grau	
07	Faço reuniões periódicas de planejamento, informações, motivação e celebração, de forma produtiva e participativa.	1	Esta foi a principal oportunidade de desenvolvimento identificada no seu perfil. Com a identificação das competências responsáveis por esta ação, esta avaliação poderá ter seus resultados invertidos. A principais competências responsáveis por esta ação são: liderança participativa, desenvolvedora, motivadora, integradora, estratégica; comunicação interpessoal, flexibilidade, saber ouvir, espírito de equipe, planejamento, foco em pessoas.

Continua na próxima página

Nº	Dr. Rui Severo – Presidente	Grau	Diagnóstico
08	Implanto e reformulo estratégias para retenção dos talentos humanos na minha empresa.	2	Mais uma oportunidade de melhoria demonstrando que as competências de estratégia, empreendedorismo e proatividade são usadas com foco nos negócios, e não em pessoas. As principais competências responsáveis por esta ação são: flexibilidade, planejamento, estratégia, foco em resultados, empreendedorismo, proatividade, visão sistêmica e estratégica.
09	Dou suporte para área de Gestão de Pessoas para que possa potencializar resultados através de pessoas.	3	Este quesito também ficou na média, o que significa que há suporte para a parte administrativa, trabalhista, legislação, mas não há espaço nem orçamento para a área de desenvolvimento e investimento em pessoas. As principais competências responsáveis por esta ação são: foco em pessoas, liderança participativa e estratégica, foco em resultados, visão estratégica.

Continua na próxima página

	Dr. Rui Severo – Presidente		Diagnóstico
Nº		Grau	
10	Minhas estratégias de motivação de equipes fazem com que eu tenha admiração da equipe e entusiasmo pelas metas.	3	Este quesito, que também ficou na média, identificamos mais oportunidades de desenvolvimento. Temos pessoas muito comprometidas, mas não podemos garantir que estejam motivadas nem entusiasmadas com o clima da empresa. As principais competências responsáveis por esta ação são: criatividade, inovação, foco em pessoas; liderança participativa, integradora, desenvolvedora, treinadora, orientadora, delegadora, estratégica; planejamento, estratégia, empreendedorismo, comunicação interpessoal, entusiasmo, empatia, relacionamento interpessoal, espírito de equipe, empatia, saber ouvir.

Ferdinando Pessoa relacionou as competências necessárias para cada área: negócios, clientes e pessoas, com o objetivo de mostrar que os pontos altos estavam relacionados a negócios e as oportunidades de melhoria estavam nas competências de pessoas. Como todas as ações dependem das competências, é importante trabalhar na base e desenvolver aquelas que estão abaixo do necessário para enriquecimento dos resultados.

Investindo no desenvolvimento dessas competências, não vai mudar apenas o resultado desta autoavaliação, mas a forma de relacionamento com a equipe e com as pessoas em geral.

Todo o trabalho desenvolvido na organização é realizado por "pessoas", que precisam de estímulo, valorização, atenção, etc. Quando as lideranças se preocupam com tudo isso e trabalham em conjunto, são acessíveis, têm "pessoas" mais satisfeitas; isso significa melhores resultados e redução da possibilidade de perda de talentos para a concorrência, como tem acontecido ao longo do tempo na Best Consulting.

"Acredite, Sr. Rui, que meu objetivo é nobre, quero o melhor para a empresa, tenho planos de melhoria, que é função de um RH estratégico; estou disposto a fazer o meu melhor, mas só poderei fazer com a sua permissão, e estou certo de que podemos melhorar o clima, relacionamento e comunicação interna na Best Consulting. Conto com a sua confiança para iniciar este trabalho."

O Presidente ouviu com atenção e, como ele mesmo havia se avaliado, não tinha muito com o que discordar. Convenceu-se a fazer uma avaliação criteriosa e um plano de ação de desenvolvimento das competências.

"Você tem sido um colaborador fiel, competente, comprometido", disse Rui, "Sempre me deu assessoria eficaz com relação ao seu departamento. Não tenho motivos para negar um voto de confiança para este projeto, mas desde já vou adiantando que quero ver resultados. E agora, qual o próximo passo?"

Ferdinando nunca havia recebido um *feedback* tão positivo do seu Presidente, ficou emocionado e continuou: "Vamos comentar cada item avaliado por você", sugeriu Pessoa, "identificar as competências comportamentais necessárias para a eficácia nas ações, e assim definir atividades de desenvolvimento dessas competências. O Sr. está disposto a realizar essas atividades enriquecedoras de competências?"

"Bem", disse Rui, "já que estou pagando para ver, vamos em frente."

Ferdinando marcou outra reunião, para que tivesse tempo de analisar e fazer as propostas de ações de desenvolvimento, e começou com a análise abaixo:

Pontos a serem considerados em cada item avaliado:

	Dr. Rui Severo – Presidente.		Diagnóstico	Devolutiva comentada
Nº		**Grau**		
01	Tenho completa visão do mercado, cliente, empresa e consigo descobrir nichos para potencializar resultados.	5	Sendo o Sr. Presidente um grande empreendedor, visionário e proativo, sem dúvidas só poderia mesmo ter grau máximo neste quesito. As principais competências utilizadas nessas ações são: visão sistêmica, estratégica, proatividade, empreendedorismo, planejamento, capacidade de análise, tomada de decisão, capacidade de risco e foco em resultados. Realmente essas competências são pontos fortíssimos no seu perfil.	Esta é uma ação totalmente voltada para resultados e negócios, e as competências necessárias para este fim estão muito bem desenvolvidas no seu perfil, são seus pontos fortes. Aqui, o Sr. merece os maiores elogios.

Continua na próxima página

	Dr. Rui Severo – Presidente.		Diagnóstico	Devolutiva comentada
Nº		Grau		
02	Faço investimentos estratégicos para alcançar novos clientes e mercado.	5	Também neste quesito o Presidente dá *show* de eficiência e eficácia. As principais competências para esta ação são: inovação, criatividade, visão sistêmica e estratégica, tomada de decisão, empreendedorismo, proatividade, planejamento, capacidade de análise, tomada de decisão, foco em resultados e foco no cliente.	Este item é semelhante ao anterior; inclui clientes, mas de forma estratégica para potencializar resultados. As competências necessárias são muito semelhantes ao item 01 e estão muito bem desenvolvidas. Parabéns.
03	Faço contatos e negociações que geram novos negócios para empresa.	5	Este quesito também apresenta um ponto forte do seu perfil. As principais competências responsáveis por esta ação são: negociação, capacidade de risco, capacidade de análise, foco em resultados, proatividade, empreendedorismo, visão estratégica e criatividade.	Semelhante aos itens anteriores, seus diferenciais têm resultados.

Continua na próxima página

Dr. Rui Severo – Presidente.		Diagnóstico	Devolutiva comentada
Nº	Grau		
04	Tenho perfeita noção das necessidades dos clientes internos e procuro atendê-los na medida do possível.	3	Aqui o Sr. se avaliou com uma nota mediana, demonstrando que não é um ponto forte do seu perfil. As competências responsáveis por esta ação são: foco em pessoas, saber ouvir, empatia, cooperação, disponibilidade, espírito de equipe.	Aqui aparecem competências necessárias para ações voltadas para pessoas. Importante verificar quais são e a importância de enriquecê-las para melhorar relacionamentos, ouvir sugestões de melhoria e trabalhar em equipe. Será necessário um plano de desenvolvimento para essas competências.
05	Trabalho de forma cooperativa com minha equipe de gestores, apoiando e dando suporte necessário.	3	Neste quesito também a avaliação foi mediana. As principais competências responsáveis por esta ação são: cooperação, espírito de equipe, foco em pessoas, relacionamento interpessoal, liderança participativa, liderança orientadora, liderança desenvolvedora, liderança motivadora.	Aqui se repetem as competências de pessoas e liderança, também num grau mediano, precisando de desenvolvimento.

Continua na próxima página

	Dr. Rui Severo – Presidente.		Diagnóstico	Devolutiva comentada
Nº		Grau		
06	Tenho comunicação eficaz com minhas equipes de trabalho, estimulo sugestões procurando trabalhar em equipe.	2	Neste quesito sua avaliação ficou abaixo da média. As principais competências responsáveis por esta ação são: comunicação interpessoal, relacionamento interpessoal, espírito de equipe, saber ouvir, engajamento, liderança participativa e orientadora, foco em pessoas.	Confirmando o item anterior, em ação voltada para pessoas, as competências aparecem abaixo da média, indicando a necessidade de desenvolvimento.
07	Faço reuniões periódicas de planejamento, informações, motivação e celebração, de forma produtiva e participativa.	1	Esta foi a principal oportunidade de desenvolvimento identificada no seu perfil. A principais competências responsáveis por esta ação são: liderança participativa, desenvolvedora, motivadora, integradora, estratégica; comunicação interpessoal, flexibilidade, saber ouvir, espírito de equipe, planejamento, foco em pessoas, foco em resultados.	Neste item, com a avaliação mais baixa, mesmo as competências que estão bem desenvolvidas para as atividades voltadas para negócios não são utilizadas quando se referem a pessoas, mais uma vez indicando necessidade de desenvolvimento e mostrando o quanto as pessoas devem ser também uma prioridade na sua gestão.

Continua na próxima página

Dr. Rui Severo – Presidente.		Diagnóstico	Devolutiva comentada
Nº		**Grau**	
08	Implanto e reformulo estratégias para retenção dos talentos humanos na minha empresa.	2	Mais uma oportunidade de melhoria, demonstrando que as competências de estratégia, empreendedorismo e proatividade são usadas com foco nos negócios, e não em pessoas. As principais competências responsáveis por esta ação são: flexibilidade, planejamento, foco em resultados, empreendedorismo, proatividade, visão sistêmica e estratégica.	Outra vez as competências bem desenvolvidas para resultados são subutilizadas quando se trata de pessoas, e o grupo de competências de liderança e relacionamento demonstra e confirma a necessidade de desenvolvimento.
Continua na próxima página

Nº	Dr. Rui Severo – Presidente.	Grau	Diagnóstico	Devolutiva comentada
09	Dou suporte para área de Gestão de Pessoas para que possa potencializar resultados através de pessoas.	3	Este quesito também ficou na média, o que significa que há suporte para a parte administrativa, trabalhista, legislação, mas não há espaço nem orçamento para a área de desenvolvimento de pessoas. As principais competências responsáveis por esta ação, são: Foco em pessoas, liderança participativa, estratégica, foco m resultados, visão estratégica.	Idem aos itens anteriores relacionados a pessoas.

Continua na próxima página

Dr. Rui Severo – Presidente.			Diagnóstico	Devolutiva comentada
N°		Grau		
10	Minhas estratégias de motivação de equipes fazem com que eu tenha admiração da equipe e entusiasmo pelas metas.	3	Este quesito, que também ficou na média, identificamos mais oportunidades de desenvolvimento. Temos pessoas muito comprometidas, mas não podemos garantir que estejam motivadas nem entusiasmadas com o clima da empresa. As principais competências responsáveis por esta ação são: criatividade, inovação, foco em pessoas; liderança participativa, integradora, desenvolvedora, treinadora, orientadora, delegadora, estratégica; planejamento, estratégia, empreendedorismo, comunicação interpessoal, entusiasmo, empatia, relacionamento interpessoal, espírito de equipe, saber ouvir.	Idem aos itens anteriores relacionados a pessoas.

Continua na próxima página

Conclusão

As competências orientadas para negócios e resultados estão totalmente desenvolvidas e são empregadas em todas as ações de negócios com muita eficácia. São elas: visão sistêmica, estratégica, proatividade, empreendedorismo, planejamento, capacidade de análise, tomada de decisão, capacidade de risco, foco em resultados, criatividade e inovação.

As competências orientadas para pessoas precisam ser enriquecidas com o objetivo de motivar e potencializar resultados a partir de pessoas. A interação com equipes, clientes internos, é diferencial de gestão de pessoas; é preciso reservar tempo para gerenciar "pessoas" e não apenas processos, porque todos os processos são realizados por "pessoas", e quando estão motivadas são muito mais produtivas.

Estas são as competências orientas para Gestão de Pessoas: cooperação, disponibilidade, espírito de equipe, relacionamento interpessoal, liderança participativa, liderança orientadora, liderança desenvolvedora, liderança motivadora, comunicação interpessoal, motivadora, integradora, estratégica, flexibilidade, planejamento, empreendedorismo, proatividade, visão sistêmica e estratégica, visão estratégica, criatividade, inovação, foco em pessoas, liderança treinadora, delegadora, estratégica, estratégia, entusiasmo e engajamento com as equipes.

Ferdinando separou essas competências para que ficasse bem claro quais são as competências de "pessoas" e as competências de resultados, que em muitas situações são utilizadas com as pessoas.

Competências orientadas para pessoas e liderança.	Competências orientadas para resultados
Cooperação, disponibilidade, espírito de equipe, cooperação, relacionamento interpessoal, liderança participativa, liderança orientadora, liderança desenvolvedora, liderança motivadora, comunicação interpessoal, motivadora, integradora, estratégica, flexibilidade, liderança treinadora, delegadora, estratégica, entusiasmo e engajamento com as equipes.	Planejamento, empreendedorismo, proatividade, visão sistêmica e estratégica, criatividade, inovação, estratégia. P.s.: *Lembrando que essas competências, em muitas ações com "pessoas", foram necessárias, conforme autoavaliação.*

Plano de Ação

Grupos de competências	Competências	Ações de desenvolvimento
Competências orientadas para negócios ou resultados	Visão sistêmica, estratégica, proatividade, empreendedorismo, planejamento, capacidade de análise, tomada de decisão, capacidade de risco e foco em resultados criatividade e inovação.	Não há necessidade de Plano de Ação, só de manutenção da excelência.

Continua na próxima página

Grupos de competências	Competências	Ações de desenvolvimento
Competências orientadas para pessoas	Foco em pessoas, saber ouvir, empatia, cooperação, disponibilidade, espírito de equipe, cooperação, relacionamento interpessoal, liderança participativa, liderança orientadora, liderança desenvolvedora, liderança motivadora, comunicação interpessoal, engajamento, motivadora, integradora, estratégica, flexibilidade, planejamento, empreendedorismo, proatividade, visão sistêmica e estratégica, visão estratégica, criatividade, inovação, foco em pessoas, liderança treinadora, delegadora, estratégica, estratégia, entusiasmo.	Essas competências, que tiveram graus da média para baixo, poderão ser desenvolvidas através das sugestões abaixo. São principalmente competências de liderança e Gestão de Pessoas. Vamos analisar juntos essas sugestões e ouvir as suas para desenvolvê-las: Participação em *workshops* e seminários sobre liderança, com o objetivo de mudar as práticas atuais; Leitura de livros sobre liderança e desenvolvimento de equipes, com a aplicabilidade de novas práticas; Reuniões periódicas com a equipe, com o objetivo de informar, integrar, planejar, ouvir sugestões, motivar e celebrar resultados; *Workshops*, cursos, seminários sobre comunicação interpessoal no trabalho, com o intuito de melhorar a eficácia na comunicação com a equipe e com os clientes internos.

Continua na próxima página

Grupos de competências	Competências	Ações de desenvolvimento
Competências orientadas para clientes	Foco no cliente, negociação.	De forma estratégia, essas competências estão muito bem desenvolvidas; precisam ser praticadas com clientes internos com a mesma eficácia.

Competência: o caminho mais eficaz para o sucesso e os resultados.

"A conclusão, já sei", diz Rui, "é preciso desenvolver essas para que fiquem no mesmo nível das demais, será isso possível?"

Pessoa responde: "É possível, desde que você acredite que isso pode enriquecer seu perfil e potencializar suas ações com relação à Gestão de Pessoas e queira mudar. Você quer?"

"Você me pediu um voto de confiança e eu não vou fazer nada pela metade. Já que chegamos até aqui, vamos em frente e vamos ver o que isso pode fazer por mim, pelos resultados e pela empresa", diz Rui. "Gosto de levar minhas experiências até o fim, nunca fui homem de abandonar nada pela metade."

Pessoa complementa: "É importante lembrar que todos os resultados são realizados pelas pessoas, e quanto maior o seu investimento no desenvolvimento delas, melhores resultados terá."

"Ok", diz Rui, "vamos ver se isso sai mesmo da teoria para a prática."

"Só depende de você", complementa Pessoa.

"Vamos ao plano de desenvolvimento, estou curioso", diz Rui.

"Vamos lá", responde Pessoa.

Ferdinando responde: "Eu já trouxe alguns livros de liderança, sei que o Sr. gosta de leitura, e esses livros são prazerosos e ricos de informações em Gestão de Pessoas, são presentes meus em agradecimento à sua disponibilidade para este projeto. Também gostaria de inscrevê-lo para um seminário internacional de Gestão de Pessoas para executivos de primeira linha, que acontecerá no final do mês e tem duração de três dias. Sei o que isso significa nas suas responsabilidades, mas acredito que poderá se organizar para desfrutar desses três dias consumindo técnicas, ferramentas e informações sobre Gestão de Pessoas, além de trocar informações com executivos do mesmo nível. Acredito que após o seminário poderemos nos reunir para análises e continuidade. Tenho sua aprovação?"

Rui coçou a barba, pensativo, e comentou: "Três dias? Já estou começando a pagar caro por este projeto, mas... como nunca fiz nada parecido, pode me inscrever, vamos ver no que vai dar."

"Agora gostaria de dizer o quanto me surpreendeu sua atenção e participação neste projeto, a maneira como me ouviu e priorizou o tempo para cada encontro", disse Pessoa. "O Sr. muito me honra com esta postura e eu me sinto muito gratificado. Tenho certeza que não se arrependerá."

"Eu entendi", respondeu Rui. "Ninguém é perfeito, e sei que há situações em que preciso e posso melhorar, só que a quantidade de ações é grande e não tenho onde arrumar tempo para tanta coisa!Tenho me dedicado demais à empresa, principalmente na área técnica, que é minha especialidade, minha área de domínio, e sei que num determinado momento é preciso evoluir para dominar outras áreas. Espero ter um bom resultado."

"Neste caso podemos fazer uma agenda, de acordo com suas possibilidades, e aproximadamente após 15 dias da realização de cada ação poderemos fazer uma rápida reunião de acompanhamento para identificar o que a ação trouxe de aplicabilidade e como se sentiu na prática, ações que pretende implementar, etc."

Agenda de ações e reunião de acompanhamento

Ação	Data de realização	Reunião de acompanhamento
Participação em seminário sobre liderança.	Entre fevereiro e abril.	15 dias após a participação no seminário, assim já terá colocado as atribuições em ordem e pensado em como usar o conteúdo do seminário.
Leitura de livros sobre liderança, desenvolvimento de equipes e Gestão de Pessoas.	Leitura de três livros a partir de fevereiro, paralelamente com as ações anteriores.	Na reunião já agendada, poderão ser discutidos livros que já tenham sido lidos.
Reuniões periódicas com a equipe, com o objetivo de informar, integrar, planejar, ouvir sugestões, motivar e celebrar resultados;	Reunião mensal, em toda primeira semana do mês, a partir de fevereiro.	Na segunda semana de cada mês, no primeiro semestre, para identificar os benefícios da ação e as ações decorrentes das reuniões.

Ação	Data de realização	Reunião de acompanhamento
Workshops, cursos, seminários sobre comunicação interpessoal no trabalho, com o intuito de melhorar a eficácia na comunicação com a equipe e com os clientes internos.	No segundo semestre, entre julho e outubro.	Reunião de acompanhamento, 15 dias após o seminário.

Qual a diferença em resultados de uma pessoa sem perfil e de outra com perfil para as atribuições?
Pense nisso, faça o melhor pelos seus resultados.

Primeira reunião de Rui Severo

Na segunda quinzena de julho, Rui dá início ao plano de ação negociado com Pessoa, planejando a primeira reunião com sua equipe de executivos. Pediu à secretária que chamasse todos na sala de reunião para a primeira hora do dia seguinte, o que gerou grande expectativa por parte de todos, afinal não era uma prática comum na empresa. Será que estava acontecendo algo tão grave assim, o que levaria o Presidente a tomar atitudes desta natureza?

Os comentários seguiam pelos corredores e já tinha gente falando em falência, fechamento, venda da empresa, etc. Ninguém conseguia entender porque o Presidente faria uma reunião com todos os executivos da empresa.

Rui, por sua vez, estava apreensivo sobre como seria esta reunião. Será que as pessoas entenderiam seu recado, será que trariam muitos problemas, será que participariam passivamente, seriam resistentes e ficariam mudos, como reagiriam a esta novidade?

Relembrando as palavras de Ferdinando, Rui entrou confiante de que estava no caminho certo. Cumprimentou a todos e informou que após várias reuniões de planejamento com Ferdinando Pessoa, decidiu que a partir daquela data fariam uma experiência de gestão participativa e uma das ações deste modelo de gestão seria a realização de reuniões mensais para discutir e resolver problemas da área estratégica da empresa, em conjunto com a participação de todos os executivos, o que foi bem recebido pela maior parte da equipe. A reação não verbal da equipe deixou Rui mais seguro e otimista com a possibilidade de motivar sua equipe de executivos.

Ferdinando Pessoa estava presente, afinal era um dos executivos que fazia parte da equipe da Best Consulting Tecnology, e ficou muito orgulhoso de ter seu nome citado e alguns créditos com relação a essas mudanças, coisa que não era comum no comportamento de Rui até então.

Rui tomou a palavra, apresentou relatórios mensais dos resultados de cada área e geral da empresa, deixou claro o que era esperado e o que foi atingido, mostrou os resultados totais da empresa, agradeceu o esforço de todos pelas situações em que ultrapassaram as metas esperadas, o que deixou a equipe atônita. Pensavam consigo mesmos: "Será que ele está se despedindo da empresa, o que será que está acontecendo?"

Rui apresentou os problemas crônicos que ainda não foram superados e definiu metas para todos os departamentos com relação à solução desses problemas. A esta altura, já se passavam mais de duas horas de reunião, todos estavam cansados e a reunião foi encerrada com agradecimento pelo comparecimento de todos.

Primeira reunião de acompanhamento

- Primeira reunião de acompanhamento do Plano de Ação entre Rui Severo e Ferdinando Pessoa.

Nesta reunião, Pessoa deverá fazer uma avaliação da performance de Rui em sua primeira reunião com sua equipe de executivos, e começa com uma pergunta:

"Rui, antes de qualquer coisa, gostaria de ouvir como se sentiu com sua primeira reunião", ao que Rui respondeu:

"Bem... Não é uma tarefa das melhores, mas acredito que me saí bem, afinal tínhamos problemas crônicos e consegui quebrá-los em partes e responsabilizar cada área com sua cota de participação; acredito que agora teremos solução."

"Isso foi muito importante", comentou Pessoa. "Foram envolvidos no problemas que era comum a todos e, como foi distribuído em parcelas, não ficou pesado para ninguém. Além do mais, é muito bom eliminar pendências.

O que mais você achou de positivo na realização da reunião?", perguntou Pessoa.

Acho que me aproximei mais da equipe, olhei nos olhos de cada um enquanto falava, e isso estreita relacionamentos e gera credibilidade; dei informações importantes e falei para todos ao mesmo tempo, o que reduz a possibilidade de maus entendidos ou de privilegiar alguns com informações que os outros não têm", respondeu Rui.

"Quanta coisa positiva para uma primeira reunião!", disse Pessoa. "Além disso, você planejou sua reunião, reuniu informações para disseminar, fez uma pauta para explorar e convocou sua equipe no dia anterior para que tivesse tempo de se organizar para a reunião. Tudo isso foi muito positivo e acredito que na próxima poderemos ter ainda uma relação maior de fatos positivos. Vamos expor alguns pontos que poderão enriquecer suas reuniões:

1. Agendar e convocar a equipe com maior antecedência, para que também se planeje para reunião;
2. Informar a pauta da reunião, para que todos possam providenciar o que devem trazer e se planejar para ter uma participação mais rica;
3. Ouvir a equipe, solicitar que cada um traga suas necessidades e buscar soluções em conjunto; isso trará maior motivação para todos e a sensação de que há um canal de comunicação para solucionar problemas;
4. Pedir aos seus executivos que cada um apresente os resultados da sua área no lugar de você apresentar tudo, assim a reunião será mais participativa, eles vão se desinibir mais, ficar mais à vontade para trazer suas necessidades;
5. Informar hora de início e término da reunião, para que todos possam se planejar melhor;
6. Cumprir a pauta da reunião e, surgindo algum assunto novo, fora da pauta, deixar para o final, se houver tempo. Se não houver, agendar nova reunião com os envolvidos no assunto para encontrarem a solução juntos;

7. Fornecer *feedbacks* positivos aos seus executivos durante a reunião, sempre que oportuno; deixar os construtivos para fornecer individualmente;
8. Fazer uma avaliação ao final da reunião sobre a produtividade e as soluções encontradas.

O que acha dessas sugestões?", perguntou Pessoa.

"É...", respondeu Rui, "Eu achei que tinha me saído bem, mas pelo visto tenho muito a melhorar e certamente a próxima será muito mais profissional. Estou gostando da experiência, ainda serei um *expert* em gestão de reuniões!

Não adianta investir em tecnologia e esquecer-se das pessoas, afinal quem desenvolve, mantém e aperfeiçoa a tecnologia?

Segunda reunião de Rui

E, no mês seguinte, Rui começou a planejar a reunião com maior antecedência, fez a pauta, marcou a data, colocou hora de início e encerramento, deixou um horário livre para a participação da equipe e solicitou que a secretária fizesse a convocação com uma semana de antecedência.

Rui era muito ágil, decidido e perspicaz, tinha muitas responsabilidades, e essas dicas também o ajudaram a administrar melhor sua agenda, além de respeitar a agenda dos outros.

Finalmente chegou o dia da segunda reunião, e todos os executivos chegaram na hora combinada, cheios de expectativas para o que estava por vir.

Rui começou a reunião compartilhando uma frase de motivação que ouvira no carro vindo para a empresa, com toda equipe, o que surpreendeu a todos, afinal, não conheciam este lado motivador do presidente. Esta reunião prometia...

Na sequência, pediu que cada um fizesse apresentação dos resultados da sua área e ouviu com toda atenção, fazendo anotações. Ao final, fez suas colocações e agradeceu a todos, solicitando que cada um trouxesse suas sugestões e necessidades para a equipe pensar junta e buscar soluções, afinal "numa equipe o problema de um é de todos" – outra frase que surpreendeu a equipe.

Isso foi demais para equipe – "O que será que estava acontecendo com o chefe? Estaria gravemente doente? Estaria passando por alguma adversidade pessoal? O que estaria mudando tanto essa personalidade tão difícil, até então tão focada em resultados, metas, objetivos, dinheiro, crescimento; menos em pessoas?"

E Rui deu sequência à reunião, seguindo a pauta e relacionando os assuntos novos para o final, como recomendado por Pessoa, e, como deixara um tempo livre para a equipe, deu tempo para tratar com objetividade dos assuntos extras, o que deixou a todos muito satisfeitos, pois ninguém saiu sem respostas e soluções. A equipe começava a se integrar e ajudar uns aos outros em problemas que eram comuns, afinal todos pertenciam à mesma empresa e agora estavam mesmo parecendo uma equipe de verdade.

Ao final, Rui pediu que fizessem uma avaliação sobre o que acharam da reunião e sugestões de melhoria para a próxima, ao que um dos gestores, João Carente, diretor comercial, sugeriu ao Presidente que, na próxima reunião, servissem água e café, o que foi aceito imediatamente.

Rui agradeceu a participação de todos e deu a reunião por encerrada dentro do tempo previsto.

Segunda reunião de acompanhamento

Rui estava muito otimista e aguardava com expectativa as observações de Pessoa, que também estava muito animado e satisfeito com os resultados obtidos até então. Afinal, tinha conseguindo sensibilizar o Presidente e iniciar um trabalho de desenvolvimento com ele, e o mais importante é que este plano incluiu a todos os gestores de forma que pudessem participar e perceber as mudanças no perfil do Presidente. Isso parecia incrível, impossível até pouco tempo atrás. Tudo isso era muito importante porque sensibilizava a todos para os projetos vindouros que já estavam nos planos de Pessoa: a continuidade de um plano de desenvolvimento com todos os executivos e lideranças em geral.

As portas do desenvolvimento de "pessoas" se abriam na cultura da Best Consulting, e isso poderia fazer uma grande diferença na comunicação interna, convivência, resultados e na qualidade de vida de todos. Quem diria que isso seria possível há um ano?

Naturalmente, os *feedbacks* positivos de Pessoa para Rui foram vários, o que o deixava com o ego, que já não era pequeno, mais inflado ainda, mas com motivos suficientes para isso. Fizeram uma análise de todos os pontos positivos da reunião, da quantidade dos assuntos que foram abordados com andamento e soluções, do entusiasmo dos executivos em participarem ativamente das estratégias da empresa, de conhecerem todos os indicadores, problemas e soluções da empresa, de estarem desenvolvendo uma visão total da empresa, quando até há pouco tempo eram limitados a sua área de atuação, não conheciam as outras áreas e departamentos, nem as necessidades das mesmas, muitas vezes deixavam de ajudar por desconhecimento.

Finalmente, eram ouvidos pelo Presidente, que dava atenção, fazia considerações, consensava e colocava em prática as ideias, sugestões e projetos dos executivos. Isso parecia mesmo incrível e todos se animavam com essas inesperadas mudanças. A esta altura, os executivos valorizavam mais seus cargos, seu emprego, e já não pensavam mais em trocar de empresa: as novidades encantavam a todos. Novos tempos se abriam para a Best Consulting.

Antes de se propor a fazer a diferença, precisamos questionar quais são nossos diferenciais.

Desafios das áreas comercial e tecnologia

Em meio a tudo isso, as rotinas dos executivos da Best Consulting continuavam e os esforços para recuperar os prejuízos com a perda dos últimos contratos eram ferozes, gerando até alguns problemas de relacionamento entre gestores que discordavam da forma com as coisas eram conduzidas, afinal nem tudo eram flores. Uma das situações atuais era o perfil do Diretor Comercial, João Carente, que era uma máquina de trabalhar e tinha queixas de não se sentir reconhecido pelo Presidente. A família também não o valorizava da forma que acreditava merecer, e ele trabalhava cada vez mais para mostrar suas competências, sua capacidade produtiva e sua eficácia. Com isso, acabava vendendo projetos sem ter equipe suficiente para realizá-los e prometia prazos impossíveis para o cliente. Não negociava internamente na empresa as condições de realização, especificações, prazos, capacidade de mão de obra, etc. – simplesmente vendia, prometia e a empresa precisava trabalhar num ritmo desumano para cumprir o que ele prometia aos clientes. E neste momento, como precisava aumentar a receita, ele trabalhava como um trator, o que assustava a Diretora de Tecnologia, Linda Pensativa, que tinha sérias dificuldades de comunicação, era muito introspectiva, individualista, tinha grandes ideias, tinha muitas dificuldades na interação com a equipe, não dava o suporte necessário, preferia "pôr a mão na massa" nos projetos a treinar, desenvolver, orientar e preparar uma equipe para enfrentarem os desafios em conjunto. Ela sabia que, quando Carente entrava em ação, sobravam para a equipe dela grandes desafios; aliás, alguns impossíveis, e com as dificuldades que tinha com a equipe, o clima interno virava um caos.

A equipe técnica era muito insatisfeita, praticamente uma equipe acéfala, com uma gestora trancada em sua sala, sem tempo para nada e ninguém, totalmente voltada para tarefas, mal humorada e estressada na maior parte do tempo, envolvida com seus próprios conflitos interiores de forma que nem percebia as necessidades da equipe e parecia com ela não ter nenhuma responsabilidade, apenas com as responsabilidades técnicas da sua área. A equipe era mesmo ignorada por ela. De certa forma, ela reproduzia grande parte do comportamento do Presidente com relação à forma de interação com a equipe.

Ferdinando Pessoas tinha ali um grande desafio, estava se saindo muito bem com relação ao Presidente, mas não poderia adiar a solução deste conflito, que gerava tanto *stress* e insatisfação nas equipes envolvidas.

Planos de Pessoa para João Carente e Linda Pensativa

Pessoa já tinha planos para administrar esta situação e, com o sucesso do projeto iniciado com o Presidente, acreditava que poderia ter maior facilidade de sensibilizar e iniciar um trabalho com João Carente e Linda Pensativa.

Vale a pena comentar aqui que o trabalhado iniciado com o Presidente estava longe do ideal, mas com todas as dificuldades internas, Pessoa aproveitou a primeira oportunidade e fez a proposta possível no momento. Estava certo da diferença entre o ideal e o real, mas tinha que começar de alguma forma, e se fosse esperar pelo ideal nunca faria nada. Então, assim que achou o fio da meada, começou a desenrolar do jeito que considerou possível para a cultura do Presidente, afinal ele era o maior desafio, e qualquer continuidade dependia do sucesso com ele.

Isso acontece muito no mundo corporativo: as pessoas ficam esperando pelas condições ideais e como vem uma crise após a outra, continuam esperando que tudo fique perfeito para iniciar os projetos. Como o momento ideal não chega, os projetos são protelados e relegados a último plano. Essas empresas acabam não realizando nada, pois as crises sempre existiram de diferentes formas e intensidades, mas a empresa continua, tem que fazer resultados e temos que ser hábeis em administrar as crises tocando nossos projetos, fazendo as reformas necessárias, sem provar a desmotivação de adiar, adiar, adiar e acumular projetos paralisados, o que gera falta de credibilidade e motivação. Essa história se repete em muitas empresas que ainda não aprenderam a "trocar pneus com o carro em movimento"; é mais ou menos assim que funciona. Se ficarmos esperando o momento ideal, ficamos para trás, enquanto a concorrência avança.

Com as mudanças que estavam acontecendo, João Carente estava a todo vapor em busca de novos contratos significativos para a empresa. Pessoa, com sua perspicácia, planejava evitar uma catástrofe, embora soubesse o quanto era difícil envolver João Carente e Linda Pensativa para promover mudanças em conjunto. Esses eram os maiores desafios de Pessoa no momento – seria possível planejar algo que comprometessem esses dois a trabalhar em conjunto?

Será que Pessoa teria o apoio do Presidente para iniciar um trabalho com esses gestores?

Estaria o Presidente preparado para colaborar neste desafio?

E por onde começar?

> Investimento tem custo, investir em pessoas também envolve orçamento. Quem faz todos os resultados são as pessoas, elas merecem investimento?

A estratégia de Pessoa

Esta ação estratégica de Ferdinando Pessoa não podia ter falhas, isso poderia significar mais prejuízo, multa, perda de clientes, etc.

Seria também um obstáculo aos novos projetos que viessem da área de Gestão de Pessoas. Para tanto, seria necessário um planejamento impecável e um bom trabalho em equipe de todos os envolvidos.

Mas... como fazer duas pessoas tão independentes e individualistas trabalharem em conjunto?

Pessoa dormia e acordava com este desafio fervilhando em suas ideias, precisava de um plano muito bem feito para evitar falhas, e não tinha muito com quem contar dentro da empresa. Esta é uma questão significativa. Os profissionais de Recursos Humanos e Gestão de Pessoas são muito solitários dentro das corporações: atendem a demandas muito desafiadoras e em grande quantidade sem ter aliados, apoio ou suporte dentro da empresa, e neste caso é preciso buscar fora. Foi o que pensou Pessoa e começou a pesquisar uma consultoria externa que pudesse ajudá-lo. Ele já tinha um *briefing* completo e precisava de alguém que o ajudasse a desenvolver um plano específico para aquela situação, mas antes disso precisava convencer o Presidente a fazer este investimento, o que não seria tão fácil. Um desafio atrás do outro, e a parte positiva é que o desafio aperfeiçoa, promove crescimento e satisfação.

Pessoa montou um relatório com todos os problemas graves que tiveram que administrar em consequência da dificuldade de relacionamento dessas duas áreas, fez cálculos para identificar quanto isso custava para a empresa. Afinal, não poderia chegar ao Presidente apenas com argumentos, mas com fatos e dados concretos, que o ajudassem a convencê-lo. Pessoa sempre se preparava de forma estratégica para uma negociação, sabia que apenas argumentação não seria suficiente, pois executivos de negócios precisam de números e de fatos para tomar decisões. E assim fez, preparou-se com todo o histórico que possuía e pediu uma reunião com o Presidente. A reunião demorou mais de uma semana para acontecer, pois Severo estava fora, viajara para um seminário de liderança, cumprindo mais uma etapa do seu plano de ação negociado com Pessoa. Será que este detalhe ajudaria na negociação? Será que o fato de voltar sobrecarregado de atividades seria um obstáculo para atender e ouvir Ferdinando?

    Pessoa aguardou com expectativa a reunião e também a avaliação de Severo sobre o evento que viajou para participar.

    Chegada a reunião, Severo estava eufórico com a experiência que tivera no seminário e estava cheio de ideias para disseminar, implantar com a equipe de gestores e comentou com detalhes tudo que vivenciou.

    Pessoa ficou satisfeito e confirmou que muita coisa poderia ser aproveitada para a equipe, mas que a prioridade seria relacionar tudo que poderia pôr em prática relacionado ao Plano de Ação, assim retomou o foco sem desestimular o Presidente.

    A empolgação era grande e, antes de falar, Ferdinando teve que ouvir tudo a respeito das surpresas do seminário, o que o deixou confiante de que estava no caminho certo.

    Iniciou o tema da reunião abordando o velho problema dos conflitos existentes entre área técnica e comercial e as consequências indesejadas que isso já criou para a empresa, também falou da importância de criar uma estratégia para evitar esses conflitos e novos prejuízos para a empresa, fazendo a entrega do relatório, que surpreendeu Severo.

Sabia do problema, mas nunca pensara em relacionar e mensurar as consequências para a empresa. Severo deu uma rápida avaliada e comentou que depois analisaria com maior critério, perguntando a Pessoa se tinha alguma sugestão para conter este eterno conflito.

Pessoa começou a falar dos seus planos e da sua necessidade de ir à busca de uma ajuda externa para conduzir o trabalho de desenvolvimento com a equipe de gestores, pois sozinho teria dificuldade de cumprir um cronograma a mais, já que sua demanda era cada dia maior, e não gostaria de iniciar um projeto como este sem a certeza da continuidade. Já fizera alguns orçamentos e gostaria da autorização para a contratação. Severo, que apesar de estar passando por fase muito positiva, ainda estremecia diante da possibilidade de novas despesas, pediu um tempo para avaliar o relatório, os orçamentos e a necessidade apresentada, para então dar um retorno a Pessoa. Combinaram voltar ao assunto na semana seguinte.

Não podemos nos deixar cegar pela cultura do passado, a ponto de não enxergar o presente nem vislumbrar o futuro.

A resposta de Rui

"Meu caro Pessoa, estive analisando os orçamentos enviados, o relatório e o seu plano para os gestores de tecnologia e comercial.

Gostaria de saber a procedência e o histórico desses profissionais que está indicando, antes de dar qualquer resposta."

Pessoa responde, apresentando as empresas de consultoria dos profissionais orçados, seus currículos e uma relação de grandes empresas atendidas por eles, que fez questão de fazer contato para investigar o nível de satisfação e resultados atingidos. Portanto, com relação ao histórico de cada um não havia nenhuma restrição: eram profissionais idôneos, muito respeitados no mercado de Gestão de Pessoas e Negócios.

Rui novamente demonstra indecisão, perguntando a Pessoa se achava mesmo que contratando uma consultoria conseguiria estabelecer harmonia entre os dois departamentos, e Pessoa responde com o seguinte argumento: "Bem, temos um problema que é fato, temos um relatório demonstrando o custo deste problema, custa muito caro para a empresa. Podemos afirmar que se não fizermos nada, vamos continuar com os conflitos, além de pagar caro pelas consequência deles. Se deixarmos como está, vamos continuar com o mesmo resultado.

É fato também que temos um plano de integração desses departamentos, prospecção de alguns consultores preparados para administrar esta situação, e só teremos certeza do sucesso pondo em prática o nosso planejamento. Para isso, só precisamos do seu aval.

Temos duas alternativas: a primeira é conservar os problemas, arcar com os prejuízos e correr o risco de que se agrave cada vez mais, pois esta é a tendência; ou a segunda alternativa, pagar para reverter este cenário. Qual das alternativas lhe parece mais pertinente?"

Rui coçou a cabeça, pensou... e concluiu: "Vamos estabelecer um orçamento para este projeto, precisamos mesmo fazer alguma coisa, realmente custa caro este conflito para a empresa."

A contratação do Consultor

Pessoa fez a escolha do Consultor e deu início à parte burocrática da contratação com muita expectativa. Não tinha direito de errar, qualquer problema poderia fazer com que o Presidente mudasse de ideia, colocando tudo a perder, e Pessoa não queria regredir, afinal já conseguira dar alguns passos importantes.

Na primeira visita, o novo Consultor, Ivo da Luz, teve uma reunião com Pessoa, pegou o *briefing*, fez muitas perguntas, conheceu a cultura da empresa, os produtos, o perfil de clientes, o perfil de cada gestor sob o ponto de vista de Pessoa e as dificuldades que pretendia solucionar, iniciando com área comercial e de tecnologia. Passou o relatório que havia feito para o Presidente sobre os conflitos e mensuração das consequências para a empresa. Ivo, antes de se despedir, solicitou uma reunião com Linda Pensativa e outra com João Carente. Após essas reuniões, ele propôs apresentar um plano de ação para Pessoa e para o Presidente, depois passar o plano individualizado para cada um dos gestores envolvidos. Assim foi feito.

Ivo teve a primeira reunião com João Carente, onde conheceu o seu perfil, identificou as necessidades que sua área tinha com relação à área de tecnologia. Relacionou todas as ações que atrapalhavam o andamento da área comercial e desenhou o atendimento ideal. O mesmo foi feito com Linda Pensativa, e Ivo já tinha material suficiente para traçar seu plano de ação.

O cronograma do Plano de Ação

Ação	Com quem	Por quê	Quando	Como
1. Reunião com todos os gestores e técnicos especializados da equipe de João Carente	João Carente e equipe	Para identificar coerência entre as necessidades do gestor e da equipe com relação à equipe técnica	Na semana seguinte	Através de sensibilização, informação sobre o projeto e questionário
2. Reunião com todos os gestores e técnicos especializados da equipe de Linda Pensativa	Linda Pensativa e equipe	Para identificar coerência entre as necessidades do gestor e da equipe com relação à equipe comercial	Na semana seguinte	Através de sensibilização, informação sobre o projeto e questionário

Ação	Com quem	Por quê	Quando	Como
3. Reuniões semanais com João Carente e Linda Pensativa	Linda e João	Oferecer técnicas e ferramentas para integrar as duas áreas e reduzir os atuais conflitos	Toda semana	Reuniões participativas, informativas e estratégicas para atingimento de resultados específicos
4. Reuniões semanais com Ferdinando Pessoa	Ferdinando Pessoa	Para dar *feedback* do andamento do trabalho com Linda e João	Toda semana	Reuniões de *feedback* e investigação da repercussão do projeto
5. Treinamento de cultura de qualidade, engajamento, fortalecimento do espírito de equipe e comunicação interna	As duas equipes juntas, treinamento de 16h	Para oferecer técnicas e ferramentas de comunicação interna e cultura de cliente interno	Um módulo de 16h	Treinamento participativo com diversas técnicas, como Análise Transacional, liderança Coach, eneagrama, PNL, técnicas motivacionais

Continua na próxima página

Ação	Com quem	Por quê	Quando	Como
6. Reunião de pós-treinamento	Para as duas equipes	Para identificar o que foi colocado em prática dos conteúdos trabalhados no curso e suprir possíveis dificuldades	Um módulo de 4h	Reunião participativa, produtiva e motivadora
7. Reuniões individuais com João e Linda	João e Linda	Para mostrar dificuldades de cada um e levantar ações que poderão mais bem atender um ao outro	Reuniões de 2h	Reunião de solução de problema
8. Reunião com João	João	Para acompanhamento das ações combinadas	Reuniões de 2h	Para estimular a aplicabilidade de técnicas, ferramentas e ações de melhoria
9. Reunião com Linda	Linda	Para estimular a aplicabilidade de técnicas, ferramentas e ações de melhoria	Reuniões de 2h	Reuniões participativas

Continua na próxima página

Ação	Com quem	Por quê	Quando	Como
10. Reuniões quinzenais com João e Linda juntos	João e Linda	Para estimular a continuidade das novas práticas acordadas	Reuniões de 1h	Reuniões participativas
11. Reunião com Ferdinando Pessoa	Ferdinando Pessoa	Para entregar relatório das novas práticas implantadas nas duas áreas e os benefícios a serem alcançados	Reunião de 2h	Reunião participativa

Entrega do Plano de Ação

Ivo da Luz entregou o Plano de Ação, através de uma apresentação muito bem preparada, onde explicava e justificava cada ação, seus objetivos e benefícios, acrescentando que, de acordo com o andamento do trabalho, poderia haver alguma alteração, caso identificasse necessidades não contempladas no planejamento atual. Teve que renegociar valores, pois tinha um orçamento apertado, o que não é nenhuma novidade na maioria das organizações.

Pessoa gostou do plano e definiu agenda para iniciar as ações, reuniu-se com João e Linda, fechou agenda com os dois e confirmou as datas com Ivo. O trabalho de investimento em pessoas estava ganhando vida na Best Consulting; as expectativas eram grandes, agora com muitas pessoas envolvidas, o que aumentava a responsabilidade de Ferdinando, mas também a credibilidade com seus pares e diretores, que já o travam de forma diferente, contando com sua ajuda na solução de problemas.

O Progresso do Presidente

Enquanto isso, o Presidente começava a colocar em prática técnicas que antes rejeitava, como consequência da sua participação no seminário de liderança. Ele já estava conduzindo reuniões com maior segurança e eficácia, e na última reunião fez questão de fornecer um *feedback* positivo para cada gestor, apontando pontos fortes de cada um que contribuem para o sucesso do grupo e da empresa. O efeito foi excelente e gerou uma grande repercussão, não se falava em outra coisa pelos corredores. Agora muita gente já estava acreditando nas mudanças daquela empresa e acreditando principalmente que mesmo as pessoas mais difíceis podem mudar para melhor. Isso soava como um presente para Ferdinando Pessoa.

Primeira ação do cronograma com a consultoria externa

As reuniões que Ivo planejou com as equipes de Linda e João tinham objetivos de levantar informações sobre o conflito entre as duas equipes e ver a coerência do que já havia sido levantado com os diretores. Era um problema crônico, que ninguém acreditava que poderia melhorar. Realmente tinha muita coisa coerente, mas Ivo também pôde identificar as dificuldades que essas equipes tinham com seus diretores, e isso não poderia ser ignorado. Certamente aquele cronograma deveria ter alguns acréscimos, com cursos, palestras e *workshops* de liderança para os diretores. Para não desperdiçar um evento apenas com dois gestores, essas ações tiveram como público alvo todos os gestores da Best Consulting. Ivo passou essas informações na sua reunião semanal com Pessoa e já levou sua sugestão de eventos para acrescentar ao cronograma já existente.

O complemento do cronograma de Ivo

Ação	Com quem	Por quê	Quando	Como
Palestra motivacional	Todos os gestores	Sensibilização para técnicas de liderança	Na próxima quinzena	Palestra motivacional interativa

Continua na próxima página

Ação	Com quem	Por quê	Quando	Como
Módulo I: Curso de Estilos de Liderança	Todos os gestores	Início de um projeto de capacitação de liderança	Módulos mensais –este módulo, na primeira semana do mês	Curso interativo, motivacional com informações sobre estilos de liderança situacional
Pós-treinamento do módulo anterior	Todos os gestores	Para estimular a aplicabilidade das técnicas	Um mês após o módulo I	Reunião participativa de 4h
Módulo II: Perfil de Liderança	Todos os gestores	Continuidade da capacitação de lideranças	Um mês após o pós-treinamento	Curso interativo, motivacional com informações sobre estilos de liderança
Pós-treinamento do Módulo II	Todos os gestores	Para estimular a aplicabilidade das técnicas	Um mês após o módulo II	Reunião participativa de 4h
Módulo III: Times de Trabalho	Todos os gestores	Continuidade da capacitação de lideranças	Um mês após o pós-treinamento	Curso interativo, motivacional com informações sobre estilos de liderança.

Continua na próxima página

Ação	Com quem	Por quê	Quando	Como
Pós-treinamento do Módulo III	Todos os gestores	Para estimular a aplicabilidade das técnicas	Um mês após o módulo III	Reunião participativa de 4h
Módulo IV: Motivação de Equipes e *Feedback*	Todos os gestores	Continuidade da capacitação de lideranças	Um mês após o pós-treinamento	Curso interativo, motivacional com informações sobre estilos de liderança
Pós-treinamento do módulo anterior	Todos os gestores	Para estimular a aplicabilidade das técnicas	Um mês após o pós-treinamento	Reunião participativa de 4h
Módulo V: Gestão de Conflitos	Todos os gestores	Continuidade da capacitação de lideranças para administrar conflitos	Um mês após o último treinamento	Treinamento com técnicas vivenciais para evitar e gerir conflitos com suas equipes
Pós-treinamento do módulo anterior	Todos os gestores	Para estimular a aplicabilidade das técnicas	Um mês após o pós-treinamento	Reunião participativa de 4h

Continua na próxima página

O cronograma foi apresentado a Ferdinando Pessoa, em consequência das necessidades observadas, com o objetivo de ter melhorias em:

- Compreensão do líder para administrar de forma estratégica cada nova situação com sua equipe;
- Administrar mudanças com flexibilidade, sabendo como envolver e comprometer a equipe;
- Entender o perfil de competências do líder e absorver a técnica para montar o seu perfil de competências técnicas e comportamentais e o perfil da equipe;
- Potencializar o relacionamento com a equipe através de comunicação eficaz e estratégica;
- Investir no time para potencializar resultados através de pessoas, entender o real papel do líder e como atuar em times;
- Manter a equipe motivada e integrada através de técnicas motivacionais, acompanhamento e *feedbacks* positivos e construtivos;
- Fornecer técnicas e ferramentas para gestão de conflitos, e com isso reduzir os conflitos entre líder e equipe, entre equipes, e dentro de cada equipe.

Ferdinando Pessoa pediu um tempo, porque não tinha autoridade para decidir sozinho, precisava da aprovação do Presidente a quem era diretamente subordinado, mas a esta altura dos acontecimentos estava otimista sobre aprovação, mas previa uma dura negociação. Aproveitou para colocar na pauta de sua próxima reunião com Severo e fez apresentação do levantamento de necessidades e do plano sugerido para reverter a situação. Desta vez, Rui Severo não foi tão resistente, estava sensibilizado e sabia que não demoraria a fazer este tipo de investimento na empresa. Aprovou e solicitou que um profissional do seminário de que participara fosse envolvido no projeto, no que foi prontamente atendido.

Severo, com ar de ironia, disse a Pessoa que se cada ação do projeto gerasse uma demanda daquele tamanho, as finanças da empresa estariam correndo alto risco. Pessoa sorriu e deu continuidade à reunião.

As reuniões entre Pessoa e Severo já estavam dentro de uma rotina natural e as reuniões de Severo com seu corpo diretivo também estavam cada vez mais profissionais, produtivas e criativas, gerando melhor relacionamento, maior receptividade, participação e acolhimento, mais bom humor, maior quantidade de problemas solucionados e aproveitamento de sugestões da equipe. Isso fazia com que os diretores e gerentes ficassem animados e confiantes com melhorias da empresa, e agora as atenções estavam voltadas também para o desenvolvimento deles: todos teriam as mesmas oportunidades de discutir, definir, conceituar, consensar, se posicionar, concluir assuntos importantes sobre liderança dentro da cultura da empresa e automaticamente se comprometer pelas palavras, posicionamento e consensos processados em público entre os gestores. Este seria um momento rico de abertura e crescimento para os gestores e a cultura da Best Consuting Tecnology.

Severo estava satisfeito porque a comunicação interna melhorava e sua comunicação com a equipe estava cada dia melhor, agora estava se formando um time integrado, trabalhando juntos por objetivos comuns.

A prática dos cronogramas

Os cronogramas foram integrados e seguiam paralelamente. O Consultor indicado por Severo fez uma bela dupla com Ivo, e se revezavam nas ações planejadas com a mesma eficácia. Os dois foram muito bem aceitos pelos gestores, o que facilitou ainda mais os resultados. Severo acompanhava, e na medida do possível participava dos treinamentos; ficou ainda mais confiante, porque tinha alguém por quem ele tinha admiração e com quem tinha afinidade na condução dos projetos. Afinal, "santo de casa não faz milagres"; mesmo assim o "são" Ferdinando estava já com uma pequena coleção de milagres.

O primeiro módulo de liderança

Ninguém acreditava que Rui Severo se juntasse aos mortais diretores e gerentes nos treinamentos de liderança, mas como ele já estava em processo de mudança e entendeu a importância da sua participação, tanto para seu próprio crescimento, quanto para validar o projeto diante de sua equipe de gestores, lá estava ele no primeiro módulo, dentro do horário combinado, bem humorado, cheio de piadas, abraçando a equipe, falando algo engraçado para cada um, contribuindo para um clima muito positivo.

O treinamento começou com atividades de integração, sensibilização para mudanças, jogos interativos e um conteúdo bem objetivo que mostrava os estilos da liderança situacional deixando claro que um líder deve atuar com sua equipe de forma estratégica de acordo com a situação, com o objetivo de ter os melhores resultados. Trouxeram informações preciosas sobre liderança situacional, e os gestores foram se identificando com cada situação, cada estilo de liderança, e participando com entusiasmo. Todos entenderam qual era o seu estilo pessoal de liderança e a importância de não estacionar na zona de conforto, porque cada situação exige um estilo diferente apresentado com muita propriedade no curso, o que exige muita flexibilidade do líder.

Ao final do módulo, levaram um compromisso de identificar situações onde atuaram com os quatro estilos que conheceram, os benefícios disso, para apresentarem no módulo de pós-treinamento. Também levaram um pequeno texto sobre liderança situacional para ler e levar um pequeno resumo que tivesse aplicabilidade na realidade de cada um. O módulo terminou em clima motivador e os gestores se sentiram contemplados com um momento muito especial.

Os intervalos tiveram ricos momentos de integração, quando puderam se conhecer mais, com descontração antes inexistente.

A expectativa era de como perceber os reflexos dessas ações no dia a dia com as equipes de trabalho. Severo estava dando bom exemplo, alguma pequena recaída aqui e ali, mas logo se recuperava e seguia em frente com exemplos positivos. Ele esperava por muitas mudanças e Ferdinando sabia disso, por isso se preocupava com cada detalhe do projeto.

O pós-treinamento do Módulo I

A reunião de pós-treinamento do Módulo I de liderança, aconteceu 25 dias após a realização do módulo, com a participação de todos os gestores, inclusive do Presidente. Como os gestores mais resistentes já estavam recebendo um atendimento diferenciado da dupla de Consultores, a receptividade foi geral e todos trouxeram exemplos de coisas que já puderam experimentar com bons resultados. Fizeram a lição de casa e estavam ansiosos pelo Módulo II; isso tudo era indicador de aproveitamento e aplicabilidade dos conteúdos ministrados, o que significava que Pessoa estava no caminho certo, mas queria ver a repercussão com relação aos subordinados, para então ter certeza de que as mudanças não eram só na teoria.

Os gestores, que já vinham se reunindo periodicamente com o Presidente, começaram a confiar e se engajar mais no relacionamento, negociar mais, propor, planejar em conjunto sobre ações que envolviam suas áreas, e até começaram a fazer reuniões com suas equipes. Isso foi surpresa, Ferdinando ficou orgulhoso quando soube. Linda, que tinha profunda dificuldade de comunicação, pediu ajuda a Pessoa para fazer reunião com sua equipe, no que foi prontamente atendida. As pessoas começaram a se relacionar melhor, ter mais senso de humor e o clima foi se modificando para melhor de forma significativa. A repercussão dessas mudanças já tomava grandes proporções na empresa e a satisfação do pessoal aumentava, o clima ficava cada dia melhor.

O Módulo II para os gestores

Chegou o esperado Módulo II, e o Consultor, depois de aquecer o grupo, perguntou se alguma coisa, por menor que fosse, havia mudado no dia a dia deles, e ouviu mais depoimentos sobre melhorias de relacionamento, integração, negociação entre áreas, equipes mais unidas, etc. Alguns contaram sobre reuniões que começaram a fazer com suas equipes e os benefícios que alcançaram, e isso tudo foi sensibilizando aqueles mais resistentes para que também estendessem suas ações de Gestão de Pessoas e mudando sua forma de gestão, pudessem desfrutar dos benefícios já experimentados por muitos. Severo, que estava participando de tudo, estava muito otimista com o projeto e com a atuação de Ferdinando Pessoa.

O módulo transcorreu atendendo e superando a expectativa de todos e, por falar em expectativas, eram cada vez maiores pelo módulo seguinte, mas a experiência e competência dos consultores também era impressionante. Todos saíram deste módulo entendendo o que é perfil, como montar um perfil de competências técnicas e comportamentais, sabendo identificar a necessidade de competências em cada ação e entendendo o perfil dos cargos das suas equipes e o perfil dos colaboradores, para fazer o melhor aproveitamento de cada colaborador, colocando cada um em projetos para os quais tinha o perfil mais adequado. Entenderam a importância de complementar o perfil de acordo com a necessidade do cargo e mais ainda o papel do gestor contribuindo com o desenvolvimento da equipe. Claro que ainda teriam treinamentos mais específicos sobre isso, mas já começava a ter noção do papel do gestor com relação à equipe e a importância de investir no perfil de competências da equipe para potencializar resultados através de pessoas.

Deste módulo, os gestores levaram excelentes ferramentas e o compromisso de identificar um projeto ou situação em que a falta de alguma competência fez com que o resultado fosse prejudicado. Essas tarefas tinham o objetivo de fazer com que refletissem sobre o conteúdo ministrado e relacionassem com a prática do dia a dia, que saíssem da teoria para potencializar o aproveitamento.

O acidente do filho de Rui

A adversidade provoca reflexões capazes de grandes transformações, mas o ideal seria se transformar sem ela.

Rui estava concentrado em contatos internacionais importantes para prospectar novos contratos, quando de repente recebe uma ligação informando que seu filho tivera um grave acidente de moto e estava numa UTI com poucas possibilidades de vida. Ele era um marido e pai ausente, mas tinha seus sentimentos pela família e seguiu rapidamente para o hospital. Em outras épocas ele iria para se inteirar do que realmente aconteceu, procuraria se informar do estado do filho e deixaria o resto para que a esposa administrasse, no máximo faria acompanhamento por telefone ou pediria que a secretária o fizesse.

Desta vez não foi assim, Rui estava mesmo mais sensível, mais humano, e sofreu muito com este advento. A situação do filho era mesmo grave, estava em coma e respirava por aparelhos, tinha perna e costelas quebradas, ainda não sabia se teria sequelas, somente depois de exames mais específicos teriam essa resposta. Foi visível por todos o sofrimento de Rui, como se fosse culpado pelo acidente, por estar sempre distante, por não ter evitado aquele acidente, um turbilhão de coisas passava por sua cabeça, e a espera era angustiante. Para surpresa de todos, Severo se plantou no hospital e não queria sair de lá enquanto não tivesse informações concretas sobre o estado de saúde do filho. Entre a angústia e o desespero que sentia, tinha *flashes* de memórias da infância de Gustavo, das poucas vezes em que brincou, o abraçou, deu-lhe afeto e se divertiu com a graça e as travessuras do menino. Mais do que nunca, constatou que não viu o desenvolvimento do filho nem lhe deu o mínimo necessário da atenção de um pai, e isso o angustiava ainda mais.

Rui e o filho

Rui Severo se internou com o filho, dividiu a companhia no hospital com a esposa e a confortou, pois ela estava num estado deplorável. Delegou para o diretor comercial todos os contatos que estava fazendo e o orientou do hospital mesmo, dedicando seu tempo a acompanhar a reação do filho, que demorou duas semanas para sair do coma e respirar sem aparelhos. Quando Gustavo acordou, foi um grande alívio para os pais, ainda estava em estado grave e levaria um bom tempo de internação, mas o perigo de morte já não era tão grande e Rui pôde dar um pouco mais de atenção à empresa, mas não um período e meio como costumava fazer.

Todos os dias ia visitar o filho e passava um longo tempo com ele, conversavam, se aproximaram de uma forma que jamais acontecera até ali, começaram a se conhecer e estabelecer uma relação de pai e filho que nunca havia existido.

Rui começava a experimentar os benefícios de uma nova forma de relacionamento, tanto na empresa, com suas equipes, quanto na vida pessoal com a família; isso fazia com que ele se sentisse uma pessoa diferente, mais feliz, mais satisfeito com a vida.

É fantástico verificar que estava acontecendo uma mudança no perfil de Rui e que isso se refletia em todas as áreas da sua vida, ele estava aprendendo a ouvir as pessoas, entender suas necessidades, se comunicar melhor, negociar, delegar, e provava a consequência positiva de tudo isso, tanto na empresa quanto em casa. Conseguiu falar ao seu filho do amor que sentia por ele e da dificuldade que tinha para cumprir o papel de pai. Achava que trabalhando loucamente para oferecer conforto, estava fazendo o melhor, mas agora percebia que estava perdendo o melhor, perdendo a convivência, o compartilhamento do amor, do conhecimento um do outro, do apoio, da presença na vida do filho. Comentou com o filho o quanto orou e refletiu durante o coma, do desespero que sentiu e da vontade louca que o filho acordasse para que ele pudesse recuperar o tempo perdido para dar e receber o amor de pai e filho.

A prática do desapego gera crescimento para todas as direções.

Rui delegando

Nesta fase em que ficava menor quantidade de horas na empresa, teve que aperfeiçoar seu estilo de delegação e descobriu que isso era possível e produtivo, que tinha pessoas competentes com quem podia contar e em quem confiar, e assim sobrava mais tempo para outras atividades, para a vida pessoal, para o descanso, além de desafiar, aproveitar e desenvolver os talentos humanos que tinha e subutilizava por não confiar – afinal ninguém era tão bom quanto ele.

A equipe se sentia mais motivada, pois não se sentiam diretores, gerentes apenas no título, sem nenhuma autonomia; agora essa cultura estava sendo modificada, fazendo com que a equipe tivesse maior segurança para tomar decisões importantes para empresa, dentro da sua área de domínio.

Será que após a recuperação do filho ele voltaria a ser como antes?

Isso seria desestimulante para todos, seria um retrocesso, a mudança das pessoas gerava satisfação, e se as coisas voltassem a ser como era antes, a desmotivação seria grave e colocaria em crise o projeto de desenvolvimento de lideranças.

"Seria apenas uma necessidade momentânea durante a doença do filho?" – as pessoas questionavam isso e ficavam na expectativa do desfecho.

As ações do projeto de Gestão de Pessoas continuavam a todo vapor.

Recuperação de Gustavo Severo

Finalmente, três meses após o acidente, o filho de Rui teve alta do hospital, para alívio dos pais e de toda família; voltava para casa sob os cuidados e atenção desta vez da mãe e do pai. Essa mudança era incrível e surpreendia a todos. Um sentimento diferente tomava conta daquela família.

Rui tomou um susto que o fez parar para pensar e ver a importância da família; se o filho morresse naquele acidente, ele ficaria culpado de tudo que deixou de viver com ele: proporcionou-lhe conforto, mas não deu amor, atenção, convivência de pai, etc. Foi uma experiência intensa, capaz de potencializar a fase de sensibilização que Rui estava vivendo na empresa, o que ajudou a ter uma repercussão ainda maior no seu interior, alterando seu papel de pai, de marido e reconhecendo a importância da vida familiar. Rui pensava em compensar a família e para isso teria que mudar bastante suas rotinas.

A rotina da família Severo

Na casa de Rui, a rotina já não era a mesma. Ele tomava o café da manhã com a família, sem correria, conversava com a esposa e com o filho prazerosamente, tinha diálogos agradáveis, motivadores, valorizava a reunião familiar, muitas vezes ia almoçar em casa e passou a chegar antes do jantar na maioria dos dias. Admitia que seus excessos de compromissos profissionais o afastara da família, e se tornou uma rotina automática viver para os negócios. Agora já desfrutava de uma situação estável na empresa, tinha uma equipe capaz de administrar a Best; mesmo assim, mantinha a rotina alucinada com a qual se habituara, era um viciado em trabalho. Vivia automaticamente, até que o acidente de Gustavo o sacudiu, provocando reflexões e muitas mudanças na forma de administrar o tempo da sua vida, tendo clareza do significado de cada área dela.

Rui, que em muitas viagens profissionais fora acompanhado de mulheres, agora queria a companhia da família e combinou que assim que o filho tivesse alta para viagem fariam uma bela viagem juntos para onde quisessem. Pediu à esposa e ao filho que planejassem uma viagem de 15 dias para esquecer os momentos difíceis e desfrutar de momentos agradáveis. Queria transmitir alegria e felicidade para sua família, quem diria!

O filho começou a perceber que era importante para o pai, afinal estava vendo mudanças significativas no comportamento dele com relação à família e sabia que seu acidente era a principal causa de tudo isso. Ele se sentiu rejeitado, invisível durante a vida toda, achava que não significava nada para o pai e, no entanto, agora, era o centro das atenções. Isso fortalecia a autoestima do filho de Rui, que se sentia mais seguro, confiante, comunicativo e motivado para desfrutar de uma vida mais feliz junto à família.

A Empresa

Até pouco tempo atrás, Rui achava que não podia se afastar da empresa, tudo tinha que passar por ele e não confiava que sua equipe pudesse dar conta das demandas e possíveis problemas. Agora se surpreendia a cada vez que constatava problemas solucionados, demandas bem administradas. A equipe estava sendo desafiada para atribuições que tinha maturidade para gerir. Rui já tinha uma equipe de alta performance e não sabia; ele só precisava deixar a equipe trabalhar, agir com autonomia, para mostrar suas potencialidades. As equipes estavam mais satisfeitas com seus gestores e com as novidades que aconteciam na Best Consulting.

A viagem da família Severo

Gustavo teve alta para viajar e finalmente foram fazer um *tour* na Europa. Esta foi uma oportunidade que Severo soube aproveitar muito bem para causar a melhor impressão para a mulher e o filho. Tiveram momentos fabulosos, tudo filmado, fotografado. Fizeram passeios fantásticos, divertiram-se de todas as formas possíveis. Rui aproveitou para se aproximar mais da esposa, oferecendo muita atenção e carinho, que com as mudanças dos últimos tempos nem causavam tanta estranheza: o que mais surpreendia era a possibilidade de viver bons momentos com o marido – aquilo tudo parecia tão impossível há alguns meses!

Mas como nada é perfeito, mais uma adversidade se abateu sobre a vida de Severo, quando recebeu a notícia de que um executivo da equipe tivera um enfarto fatal. Rui teve que voltar antes do planejado para dar suporte pessoal à família do seu executivo, Tony Idealista, que era responsável pela área administrativa.

A esposa e o filho continuaram a viagem por mais alguns dias e retornaram na data planejada. É provável que tenham vivido os melhores momentos em família, uma experiência fantástica para todos.

O retorno de Rui

A equipe ficou surpresa com a volta inesperada de Rui, que impactado com a morte do seu parceiro de trabalho e preocupado com a família de Tony, ofereceu total apoio e acompanhou toda a cerimônia fúnebre. Conversou muito com a família de Tony, colocando-se a si e a empresa à disposição para quaisquer necessidades.

Reuniu sua equipe de gestores para administrarem juntos esta perda e, ao mesmo tempo, buscarem soluções práticas para que as atribuições de Tony tivessem sua continuidade. Pediu ajuda de alguns diretores e gerentes para assumirem algumas responsabilidades enquanto providenciava a substituição. Ouviu sugestões, distribuiu responsabilidades e sem dúvida fez acompanhamento para que nada saísse do controle, afinal os resultados tinham os mesmos prazos e exigência nas especificações de qualidade. Agora uma grande preocupação era a substituição do diretor administrativo em tempo *record*.

Situações adversas acontecem quando menos se espera. É importante entender o que podemos aprender com elas.

Sugestão de Ferdinando para substituição do Diretor Administrativo

Ferdinando acreditava que tinha grandes talentos entre os gerentes e que poderia identificar entre eles um substituto com perfil para Diretor Administrativo. Com um profissional para substituir o Gerente poderia encontrar um Supervisor, e para Supervisor poderia encontrar um Assistente Administrativo, e finalmente este poderia ser substituído por uma seleção externa. que já conhecesse a empresa, a cultura, a equipe; seria mais fácil e mais rápido fazer a integração nas atribuições do cargo e na equipe.

Ferdinando sempre preparava uma apresentação para expor suas sugestões, conhecia bem o nível de exigência do seu Presidente.

Seu objetivo era fazer uma seleção por competências para identificar o perfil mais indicado para cada um dos cargos movimentados neste projeto. Para isso, Ferdinando teve que explicar como faria este trabalho, quais ferramentas seriam utilizadas para identificação dos perfis e para a definição do perfil mais compatível com a necessidade das atribuições do cargo.

Ferdinando Pessoa listou as ações que realizaria:

Antes de tudo, fez uma relação dos benefícios de realizar uma seleção interna para esta substituição, o que foi rapidamente aceito pelo Presidente.

Agora precisava esclarecer como o faria, que ferramentas usaria para gerar credibilidade e conseguir o aval de Rui, para isso, fez um passo a passo das ferramentas, explicando cada uma delas e, como essas ferramentas já não eram tão estranhas, pois Rui já tivera experiência com ferramentas semelhantes, não foi difícil para Rui compreender o processo:

1. Fazer a descrição de todos os cargos envolvidos; a primeira coisa a ser feita e saber do que é que o cargo precisa, e esta é a primeira ferramenta alimentadora de informações sobre o cargo;
2. Fazer o mapeamento e mensuração de perfil das competências técnicas e comportamentais de cada um dos cargos; só assim saberia exatamente quais competências deveriam ser investigadas para cada cargo;
3. Preparar as perguntas comportamentais para investigação das competências de cada cargo; essas perguntas têm uma técnica específica de investigação e fornecem técnica também para observação da evidência de competências no repertório comportamental do candidato. Tratava-se da técnica mais moderna do mercado e deu alguns exemplos deste tipo de pergunta, explicando o que

cada uma delas investigava, o que deixou Rui muito impressionado;
4. Definir os jogos que usaria para identificação das competências, isso só para o cargo de Supervisão, porque para Gerente e Diretor não é aconselhável usar jogo no processo seletivo, enfatizou Pessoa; trata-se de processos executados com muita discrição e confidencialidade, onde os candidatos não são colocados diante um do outro. O jogo também tinha técnicas bem específicas para observação da evidência de competências. As explicações de Ferdinando deixaram Rui bastante seguro para solucionar esta substituição.

Ferdinando partiu para o recrutamento interno, triagem e aplicação de todas essas ferramentas nos candidatos a cada cargo, poderia identificar claramente qual o perfil mais compatível para cada cargo. Pessoa aplicou também alguns testes para averiguação das competências técnicas necessárias para os cargos. No final do processo de cada cargo, Ferdinando se comprometeu a enviar no mínimo três candidatos muito próximos do perfil para que fossem entrevistados pelo Presidente.

Assim, Ferdinando estava colocando em prática novas ferramentas em conjunto envolvendo o Presidente, o que certamente abriria portas para implantá-las formalmente para todos os cargos da empresa. Ferdinando era perspicaz e sabia o momento certo para cada proposta, uma característica fundamental no profissional de Recursos Humanos ou Gestão de Pessoas: é preciso ser estratégico em cada ação, em cada proposta, aguardar sempre o momento propício para fazer a diferença e mostrar o quanto está comprometido com os resultados da empresa, o quanto contribui para o sucesso nos negócios.

Os novos gestores

O novo Diretor Administrativo era Benício Amoroso, dono de uma personalidade equilibrada, já era gerente da Best há mais de 15 anos e finalmente conseguiu ser promovido a Diretor, o que almejava há tempos. Conhecia muito bem a empresa e já veio com muitas sugestões de melhoria, mas com cautela para não chocar a equipe.

Ao tomar posse em seu cargo, sua primeira ação foi reunir a equipe para investigar suas expectativas, falar da sua satisfação por esta promoção e do quanto esperava a colaboração de todos, pedir sugestões de melhoria, falar sobre o seu estilo de liderança e da sua expectativa de realizar um verdadeiro trabalho em equipe, para juntos irem em busca dos resultados esperados. Informou também que faria uma agenda para conversar com cada um sobre suas histórias na Best, suas atribuições, sugestões de mudanças, necessidades, dificuldades, decepções e expectativas com esta nova gestão que se iniciava.

A equipe, que naturalmente estava apreensiva com a chegada de um novo líder, começava a se tranquilizar. Já conheciam Benício de longe, mas tinham receio de que a promoção mudasse sua forma de comportamento, o que acontece com muitas pessoas, mas até então só tinham indicadores de que a equipe poderia seguir em frente com segurança e com o suporte de uma liderança presente, participativa e motivadora. A equipe estava confiante.

A relação de Benício com a equipe era cada dia mais contagiante e motivadora, e a repercussão da satisfação da equipe já corria pelos corredores da Best. A produtividade teve bons reflexos de tudo isso, de forma que a sugestão de Ferdinando mais uma vez trouxe excelente resultado para a empresa, e isso só aumentava sua credibilidade e fortalecia parceria com todos os gestores.

O líder pode contagiar, influenciar, energizar e inspirar a equipe para as boas práticas e trabalho conjunto.

O projeto de desenvolvimento dos gestores

Enquanto tudo isso acontecia, as reuniões gerenciais continuavam, os treinamentos de liderança seguiam de vento em popa, e a mudança nos resultados eram visíveis e mensuráveis, o que agradava a todos, principalmente a Rui Severo.

Ferdinando periodicamente enviava relatórios com os índices alcançados e uma cartinha parabenizando equipes que ultrapassaram metas ou que superaram adversidades. Com isso, fazia com que os esforços fossem reconhecidos e as pessoas começaram a se sentir visíveis quando produziam resultados eficazes.

Percebendo o efeito desses *feedbacks*, começou a pedir para que essas correspondências saíssem da Presidência, assim teriam um efeito ainda mais positivo no emocional das pessoas, afinal os parabéns de um Presidente tem uma repercussão muito maior para as pessoas.

Nesta oportunidade, Ferdinando começou a pensar em alguma forma mais concreta de reconhecimento e valorização de pessoas e propôs ao Presidente algumas ações neste sentido:

1. Implantar participação nos lucros, para que todos sentissem que o seu progresso estava vinculado ao progresso da empresa, deixando claro que a empresa dependia de todos

para cumprir suas responsabilidades e contratos com clientes;

2. Uma reunião semestral com diretores e gerentes, para uma ação de motivação e premiação das equipes que tiveram destaque durante o semestre. Este destaque deveria ser mensurado e divulgado para toda a empresa, e sugeriu que este evento tivesse como título: *Destaques do Semestre*.

Rui estava fazendo uma boa parceria com Ferdinando, mas de vez em quando achava que ele pedia demais e gastava muito com suas modernidades, mas também era verdade que mostrava resultados, deixando muito claro que, para potencializar resultados através de pessoas, era preciso investir no desenvolvimento delas e isso custa dinheiro, por sinal muito bem investido.

Severo concordou com a segunda sugestão e adiou a primeira, de participação nos lucros, para o período seguinte; queria andar devagar com as mudanças, para experimentar os resultados de cada uma e Ferdinando acatou a decisão, afinal já tinha mudado bastante as características da empresa e de vários gestores, com seus projetos arrojados para aquela cultura organizacional. Era natural que recebesse uma negativa de vez em quando. Sabia que a hora certa chegaria.

O filho de Rui quer trabalhar

Rui, agora, se dividia entre a vida familiar e empresarial. Um dia, numa conversa com Gustavo sobre sua faculdade, suas expectativas, teve a grata surpresa de ouvir do filho que gostaria muito de trabalhar. Embora estivesse ainda no início da faculdade, uma experiência profissional poderia potencializar seu aproveitamento na faculdade, teria diferenciais com relação aos colegas da mesma idade e, como levava muito a sério seus estudos, queria chegar à frente no mercado de trabalho e para isso precisava agir. Pediu sugestões ao pai sobre que tipo de trabalho poderia lhe trazer melhores experiências e trocaram muitas informações sobre mercado de trabalho, início de carreira, etc.

Severo sugeriu ao filho que marcasse com Ferdinando uma reunião para falarem sobre isso, pois confiava no seu Gestor de Gestão de Pessoas e acreditava que ele teria boas sugestões para Gustavo.

Reunião de Gustavo com Ferdinando

Ferdinando era uma pessoa solícita, acolhedora e tinha prazer em colaborar com o crescimento dos outros. Recebeu Gustavo com muita satisfação e, como se tratava de uma pessoa proativa, já tinha preparado algumas sugestões para fornecer após ouvir suas expectativas.

Gustavo falou das suas expectativas futuras de carreira, sua vontade de ingressar no mercado de trabalho, mesmo que não fosse *full time*, pois queria vivenciar na prática o que estudava na faculdade, assim teria um aproveitamento maior e já se formaria com experiência profissional, era fluente nos idiomas inglês, chinês e espanhol.

Gustavo fazia uma graduação de Administração Empresarial e parecia bastante motivado com sua escolha profissional.

Após ouvir Gustavo, Ferdinando começou falando do quanto gostou do que ouviu e concordava com ele sobre adquirir experiência, mas deveria tomar cuidado para não se tornar um compulsivo no trabalho como fora o pai até pouco tempo atrás.

Ferdinando fez uma boa sugestão, de que ele fizesse um estágio de 60 dias em cada departamento da área administrativa da empresa, trabalhando meio período e no mínimo uma semana nas demais áreas para que tivesse a visão total da empresa. Ao final de cada estágio, faria um relatório sobre suas percepções, identificações e sugestões para uma reunião de acompanhamento com Ferdinando; além disso, ele estaria à disposição para quaisquer necessidades, esclarecimentos, suporte, etc.

Gustavo gostou da ideia, mas naturalmente ela teria que ser apresentada ao Presidente e ter sua aprovação, afinal família e negócios devem ser tratados com muito profissionalismo.

Ferdinando combinou que faria apresentação deste projeto ao Presidente na primeira oportunidade, e logo em seguida lhe daria resposta.

A Reação de Rui

Rui estava orgulhoso da escolha profissional do filho, afinal havia grande probabilidade de poder formar o seu sucessor na Best, que era uma grande preocupação de Rui, mas que agora já não era tão insubstituível quanto pensava anteriormente e planejava desfrutar da vida pessoal, familiar, social; sendo que, para isso, precisava preparar um sucessor.

Quando Rui encaminhou o filho para uma conversa com Ferdinando, já tinha ideia do que poderia acontecer, conhecia a ética de Ferdinando, sua perspicácia e habilidade, o que poderia ajudar a encaminhar e a orientar o filho profissionalmente. Como seria bom ter o filho como sucessor, mas já pensando na felicidade do filho, não faria nenhuma imposição, queria mesmo ajudá-lo a encontrar sua vocação e contava com a ajuda de Ferdinando para isso.

Ferdinando fez apresentação das sugestões que deu a Gustavo, que foi muito apreciada por Rui, mas Ferdinando foi além e acrescentou que, durante a Faculdade e seu estágio na empresa, seria seu *Coach* e faria as indicações e encaminhamentos dentro da Best, de acordo com as tendências e identificações de Gustavo, mas falou também que, após a formatura, seria interessante que Gustavo fizesse um estágio fora do País, em uma ou mais empresas de grande porte, para que tivesse uma experiência externa e internacional, o que contribuiria muito para ampliar a sua visão e acrescentar maturidade ao seu perfil profissional.

Esta parte balançou Rui, que reagiu dizendo que não precisou disso para chegar onde estava, que o filho já estava alicerçado por uma estrutura que poderia facilitar sua vida profissional. Para que se ausentar?

Ferdinando comentou que entendia perfeitamente o sucesso de Rui, que já nasceu com um perfil empreendedor, nasceu para vencer, mas que as pessoas não são iguais, mesmo tendo o mesmo sangue, e que sua sugestão era de que Gustavo não se sentisse apenas "o filho de Rui" dentro da empresa, mas que tivesse experiência fora, conhecesse diferentes culturas organizacionais e, se desejasse voltar para a Best, que viesse com uma formação sólida, segura, em condições de trazer boas contribuições, agregar valor e fazer a diferença. Isso seria fundamental para autoestima de Gustavo, e acreditava muito que Rui queria o melhor para o filho, mesmo que isso não fosse o melhor para si mesmo. Enfatizou a importância de Gustavo não ser respeitado apenas por ser filho do dono, mas que conquistasse respeito pela sua competência profissional, e um afastamento para investimento no perfil seria estratégico, para voltar seguro, confiante no seu potencial e mostrar a todos do que era capaz de realizar.

Essa conversa mexeu com Rui, que resolveu ter uma longa conversa com o filho antes de dar o seu veredicto final. Ferdinando, no seu íntimo, sabia que seria apenas uma questão de tempo, Rui estava vivendo uma excelente fase com o filho e certamente decidiria pelo melhor para ele. Nada melhor do que decidirem juntos, por isso Ferdinando comentou esta parte final da experiência internacional apenas com o pai.

As providências de Ferdinando para o evento do *Destaque do Semestre*.

Na primeira reunião entre Presidência e gestores, Ferdinando pediu a palavra para falar do Projeto *Destaque do Semestre*, que estaria lançando em breve. Falou sobre o que o levou a sugerir esses eventos e fez um regulamento para que todos compreendessem os indicadores do destaque. Pediu a todos os gestores que compartilhassem com suas equipes e motivassem a todos para participação no projeto, os prêmios para os destaques eram de boa qualidade.

Pediu para sua assistente tomar as providências práticas de orçamentos de espaços para eventos, palestrante motivacional, serviço de *buffet*, decoração, etc. Queria provocar impacto, evidenciando as mudanças que aquela empresa estava administrando, o crescimento que estava proporcionando, o ambiente agradável que se instalava a cada dia. Preparou-se também para algumas surpresas e se preparou para o papel de mestre de cerimônia. Ele estava muito orgulhoso de todas as mudanças na sua área.

Solicitou ao Presidente que preparasse um discurso objetivo, direcionado para o emocional das pessoas e que estivesse presente durante todo evento.

Escolheu o gestor mais antigo da empresa para contar seu histórico na Best, sua contribuição e curiosidades da sua longa jornada na empresa, que os mais novos desconheciam. O gestor se sentiu honrado e orgulhoso de fazer esta participação no evento.

Ferdinando preparou uma correspondência surpresa de convocação que já vinha com um brinde que deveriam levar para o evento. Essa surpresa era uma sunga de praia, personalizada com logo da Best, para que desfrutassem da piscina após o *coffee* da tarde, e uma camiseta personalizada com o nome e logo do evento, para que usassem durante o evento.

Pessoa reservou uma parte da tarde para relaxamento e descontração na piscina e contratou um profissional de educação física para algumas atividades lúdicas.

Tudo foi planejado com muito cuidado, zelo, carinho. Ferdinando queria mesmo fazer a diferença e, mais que isso, que os colaboradores percebessem a diferença, afinal isso seria impossível um ano antes!

*O impossível não existe para quem
é capaz de vencer barreiras.*

A conversa de Rui com Gustavo sobre a carreira

Enquanto Ferdinando tomava providências para o seu novo projeto, Rui ficou em casa uma tarde e aproveitou a presença de Gustavo para uma conversa com o filho sobre seu futuro profissional.

Começou perguntado sobre os resultados da conversa que tivera com Ferdinando, estava ansioso para ouvir o filho.

Gustavo respondeu que gostou muito do papo, das ideias dele e que aguardava por um retorno. Neste momento o pai perguntou ao filho: "O que você realmente gostaria de fazer? Eu quero ouvir para ver onde posso ajudar, sabe que quero o que há de melhor para você, mesmo que não seja o melhor para mim", disse rindo e lembrando das palavras de Pessoa.

"Meu filho", Rui nunca falava assim, "fui um pai ausente por muito tempo, me dedicando ao trabalho, não vi você crescer e quase o perdi. Isso me fez ver o quanto perdi, o quanto o amo e quero agora estar presente em cada detalhe da sua vida, onde você permitir. Quero ajudá-lo, seja qual for o caminho que você escolha para sua vida."

O filho repetiu suas expectativas e as sugestões de Ferdinando, gostaria mesmo de passar por esta experiência na Best, se o pai concordasse, queria conhecer cada área, cada departamento, porque isso enriqueceria seu aproveitamento na Faculdade, completaria suas cargas horárias de estágio e daria uma visão da realidade, não ficaria apenas com a teoria dos livros. O pai levantou a mão sugerindo um aperto de mãos e abraçaram-se longamente. Rui disse ao filho que sua vontade seria realizada e que ele estaria sempre ao lado dele para contribuir no que fosse necessário, queria muito participar ativamente desta experiência. Acrescentou que seu último estágio seria na Presidência, seria uma experiência que poderia ser muito interessante e daria ao Presidente muito orgulho.

Ferdinando prepara o ingresso de Gustavo na Best

Ferdinando preparou uma apresentação da empresa, mesmo sabendo que ele já conhecia muita coisa, mas provavelmente agora com uma visão mais profissional.

Falou sobre a missão, visão e alguns valores da empresa e acrescentou que ainda era informal, a empresa não tinha um plano estratégico, mas nos treinamentos ele já falava sobre isso para que quando se tornasse realizada não fosse uma coisa totalmente desconhecida. Estava plantando sementes, era incansável nisso!

Após a apresentação de integração, andou com ele pela empresa, apresentando cada área, departamento, gestores, informando sobre a missão de cada área para que ele tivesse uma pequena noção do todo antes de começar o estágio.

Fez um cronograma para Gustavo estagiar nas áreas administrativas com carga horária maior e nas técnicas com carga horária menor, afinal sua vocação era pela administração. Enfatizou a importância de Gustavo assumir o operacional, as atribuições, e procurar trabalhar ao máximo para que realmente tivesse a oportunidade de desenvolver experiência profissional. E assim Gustavo ingressou no time da Best Consulting.

Na verdade, na Best, até o programa de integração era informal.

O primeiro evento de *Destaques do Semestre*

Todos chegaram ao local do evento no ônibus contratado pela Best, com a bela camiseta confeccionada especialmente para aquela ocasião. Parecia realmente um time, Ferdinando se emocionou quando observou a entrada para a sala de eventos, semblantes abertos, todos se cumprimentando, se abraçando, um clima de união e descontração muito saudável, que fazia Ferdinando entender que estava no caminho certo. Enquanto entravam, Ferdinando havia colocado um vídeo com músicas muito bonitas e imagens maravilhosas, feito especialmente para o evento e todos receberiam este vídeo no final como lembrança daquela ousada experiência, como presente.

A abertura do evento foi feita por Rui, que preparou um discurso curto, mas cheio de emoção. Começou agradecendo a presença de todos, a parceria no dia a dia, o empenho por resultados e o clima agradável que proporcionavam tanto para suas equipes quanto para a comunicação entre todos. Falou do quanto se orgulhava da Best e perguntou a todos quem era a Best.

Ficaram pensativos e não arriscaram respostas, aguardaram pela resposta de Rui, que respondeu: "A Best é formada por cada um de vocês, ela não existiria sem vocês. Quando fechamos a Best, o que existe lá é inanimado, não há nenhum coração batendo, nada acontece, nada é produzido.

- Quem faz tecnologia eficaz e diferenciada para nossos clientes são vocês, cada um de vocês.
- Quem faz nossos resultados, são vocês.
- Quem faz com que a Best seja reconhecida internacionalmente no mercado de tecnologia, são vocês.
- Eu, com todo meu empenho, jamais conseguiria fazer qualquer coisa sozinho.
- Dependo de vocês, preciso de vocês; conto com vocês todos os dias!
- Nós jutos somos a Best Consulting e me orgulho de cada um de vocês que têm grande contribuição em tudo que fazemos.
- Quero a cada dia trabalhar para ser melhor gestor para vocês.
- Quero a cada dia acordar para fazer pessoas mais realizadas e felizes.
- Quero trabalhar com afinco para que todos vocês se orgulhem da Best.

- Conto com todos vocês para continuarmos a crescer, juntos.

Este discurso arrepiou e tirou lágrimas de muita gente. Não era a questão do discurso em si, mas de quem estava falando aquelas palavras e da emoção que tinha em cada palavra, cada frase. Quem conviveu no passado com Rui jamais esperava por um dia como este. Era bom demais, era transformação demais para uma só pessoa, o que trazia novos ares, esperança, motivação, engajamento e alto grau de compromisso de todos para com os resultados e a empresa.

O evento teve continuidade, com todas as surpresas planejadas por Rui; a apresentação do gestor mais antigo também gerou muita emoção e sorrisos: ele era uma pessoa muito bem humorada e tirou muitos risos de todos.

Contou sua trajetória, que se confundia com a história da Best Consulting, falou das dificuldades do início, de erros e acertos, da sua participação no crescimento inicial da empresa e do prazer que tinha em hoje fazer parte desta cultura tão inovadora. Treinou muitos profissionais que agora ocupavam cargos de liderança e se orgulhava muito disso, porque sentia que tinha uma pequena participação no desenvolvimento da carreira deles. Fez uma apresentação da linha do tempo mostrando seu perfil ao chegar à Best e seu perfil hoje. Mostrou o quanto ensinou e o quanto aprendeu, como passou pelas mudanças extremas da área de tecnologia, criando soluções inusitadas para atender à necessidade de clientes. Falou da satisfação que tinha de contar essa história e agradeceu profundamente ao Presidente, a Ferdinando e a todos os companheiros que o ouviam naquele momento, fortalecendo a parceria que tinha com todos.

O *buffet* estava impecável, todos elogiavam muito. A premiação do destaque teve muita surpresa, porque de certa forma todo gestor foi premiado pelos pontos fortes da sua contribuição para os resultados e isso fez com que todos se sentissem muito reconhecidos e valorizados. Era inacreditável que estavam vivendo aquele momento, ver suas qualidades sendo enfatizadas publicamente, ouvirem sobre a rica contribuição que trouxeram para a Best Consulting e o quanto eram importantes naquela engrenagem toda, da diferença que faziam com suas qualidades e participação em todos os resultados que faziam.

Ao final da tarde a piscina do centro de eventos estava reservada para a Best e eles puderam aproveitar muito para descontrair e relaxar. Esta ação gerou ainda mais integração entre eles, puderam se conhecer num ambiente informal, fora da empresa, vendo-se uns aos outros como pessoas, seres humanos e não apenas como profissionais. Fizeram comentários sobre o evento, estavam encantados com os últimos acontecimentos e comentaram sobre todas as mudanças que estavam acontecendo na empresa e os benefícios de tudo isso. Falaram da coragem e ousadia de Ferdinando ao coordenar todas essas ações de gestão de pessoas, da mudança de postura do Presidente, agora tão disponível, acessível, reconhecendo o valor das pessoas. Quem conheceu o passado da Best, jamais acreditaria que um dia tudo isso seria possível. Tomaram *drinks* à beira da piscina, fizeram mais comparações entre presente e passado, falaram de situações inusitadas, engraçadas, contaram piadas, riram juntos encerrando o primeiro grande evento da Best, um investimento inacreditável, mas real, planejado por Ferdinando.

Cada ação de Ferdinando tinha um propósito. Ele recebeu muitos agradecimentos e parabéns dos participantes que sabiam o quanto se esforçara para chegar àquele resultado. Todos faziam questão de agradecer a Ferdinando por estarem vivendo aquelas mudanças, transformações e contribuições para o bem estar e resultados de todos. Um deles chegou a dizer que agora era possível ser feliz.

O evento foi um sucesso, e ao final Rui veio agradecer a Ferdinando pela sua perseverança, perspicácia, habilidade e comprometimento para fazer a diferença mesmo com tanta força contrária. Reconheceu que deu muito trabalho para que essas mudanças acontecessem, mas agora reconhecia o quanto tudo isso era importante para as pessoas que compunham a Equipe Best. Agradeceu a Ferdinando por ser o parceiro e colaborador que demonstrara até então. Ferdinando Pessoa era uma pessoa discreta, não ficava creditando a si mesmo o sucesso alcançado, esforçava-se cada vez mais para fazer o melhor, e com isso crescia, amadurecia e se preparava para desafios maiores.

Ferdinando faz um balanço das suas ações de melhorias

Ao final do projeto, Ferdinando retorna pensando em fazer um relatório das ações, antes impossíveis, que já conseguira implantar na empresa, pois isso o fortalecia para ações futuras, e relacionou:
1. Autoavaliação de Rui;
2. Plano de Ação de Rui com acompanhamento de Ferdinando;
3. Treinamento de Rui em seminário de lideranças;
4. Reuniões periódicas de Rui com sua equipe de diretores e gerentes;

5. Gerenciamento do conflito entre as áreas de produção e comercial;
6. Terceirizar ações de desenvolvimento, que antes era até tabu tocar no assunto;
7. Treinamento e desenvolvimento da equipe gestora, com excelentes resultados;
8. Projeto *Destaque do Semestre*;
9. Plano de inserção de Gustavo na empresa;
10. Rui descentraliza decisões e responsabilidades, desfiando e delegando.

Não parece muita coisa, mas tudo isso acabou acontecendo em pouco tempo e exigiu ações estratégicas, tanto para convencer Rui a aceitar, quanto para solucionar o que pretendia.

Ferdinando estava em alta com todo o corpo gestor da empresa, tinha a confiança e credibilidade de todos. Os gestores começavam a entender o que era Gestão de Pessoas, seus benefícios e o quanto Ferdinando era capaz de fazer acontecer em sua área, um grande gestor, que não se acomodava, perspicaz para perceber os problemas e propor soluções; era verdadeiramente um parceiro.

Ferdinando preparou um relatório de cada ação, com seus objetivos e resultados atingidos, e levou para uma reunião com Rui. Levou também um relatório de produtividade, antes e depois desses projetos, para mostrar o crescimento da empresa em qualidade e produtividade, que resultava em faturamento e lucro maior, num clima muito mais positivo.

Solicitou ao Presidente a possibilidade de divulgação do relatório para todos os diretores e gerentes; seria importante que eles acompanhassem as ações de desenvolvimento de pessoas, isso aumentaria a confiança de todos em Gestão de Pessoas.

Divulgação do relatório de Gestão de Pessoas

Na reunião de gestores seguinte, Ferdinando levou os relatórios, distribuiu, informou que era um resumo do trabalho de desenvolvimento que começara há alguns meses e gostaria que todos os gestores acompanhassem e participassem ativamente, informando suas necessidades, trazendo sugestões, afinal o objetivo era fazer gestão participativa, pois juntos seriam muito mais fortes, e neste momento leu a parábola do feixe de varas. Pegou uma vara e a quebrou em vários pedaços com muita facilidade, depois pegou o feixe e por maior que fosse o esforço, não conseguiu quebrar, então pediu ajuda e muitos dos gestores tentaram quebrar o feixe, sem sucesso. Após as diversas tentativas, Ferdinando falou do quanto eles poderiam se fortalecer unidos, trabalhando com espírito de equipe, mas se cada um trabalhasse por si, seria frágil e poderia fracassar em qualquer adversidade. Pediu a integração e engajamento de todos por uma causa comum, o sucesso de cada um e da empresa. Foi um pequeno discurso com muita profundidade que tocou a muitos gestores para o espírito de cooperação, deixando claro que quanto mais cooperativos forem internamente, mais competitivos seriam para o mercado.

Colocou-se à disposição para esclarecer quaisquer assuntos, dentro ou fora daquela reunião.

Cada ação de Ferdinando solidificava mais o relacionamento dele e da área de Gestão de Pessoas com a empresa e a repercussão era muito positiva.

Primeira reunião de acompanhamento do estágio de Gustavo

Gustavo terminou o primeiro módulo do estágio, na área recepção de materiais e logística. Fez bons relacionamentos, procurou aprender e ajudar ao máximo e pediu uma avaliação do gestor da área ao término do módulo, que o deixou bastante satisfeito.

Levou todas essas informações para a reunião com Ferdinando, que também já havia pedido uma avaliação do gestor da área sobre a participação de Ferdinando em seu departamento durante este tempo.

Teve informações positivas, como:
- Um bom ouvinte;
- Curioso, tem facilidade de aprender, fez muitas perguntas inteligentes;
- Demonstrou muito interesse em aprender e praticar;
- Humilde, persistente, comprometido e flexível;

- Assimilou as rotinas com facilidade;
- Tem muita experiência com tecnologia;
- Acata ordens, procedimentos, normas com naturalidade;
- Ajudou bastante o departamento e contribuiu com sugestões.

Dificuldades: as maiores dificuldades se deram em função da falta de experiência técnica sobre o negócio da empresa, mas, certamente, não terá dificuldades quando passar pelos treinamentos durante o período de estágio.

Ferdinando perguntou como se sentiu durante este tempo, o que mais gostou de fazer, como foi a integração com a equipe e com o gestor, o que aprendeu sobre a empresa durante este tempo e pediu sugestões.

Gustavo entregou seu relatório com várias dessas respostas, comentou cada detalhe e recebeu o *feedback* de Ferdinando sobre a avaliação do gestor. Gustavo saiu muito satisfeito para sua segunda jornada. Os indicadores já mostravam a vocação de Gustavo e o quanto estava engajado na Best. Aproximou-se do pai, agora da Empresa, talvez seja uma forma de estar mais próximo do pai, outrora tão, tão, tão distante.

Ferdinando ousa: propõe implantar Avaliação por Competências

A satisfação da equipe de gestores está cada vez maior, todos estão vendo os resultados do trabalho de Gestão e Desenvolvimento de Pessoas. Ferdinando, em parceria com o Consultor indicado por

Rui, continua no projeto de desenvolvimento de lideranças, que a cada módulo surpreende, enriquece e fornece novas ferramentas de gestão. A comunicação interna já está bem ágil, muitos gargalos foram destruídos, a produtividade aumentou em todas as áreas da empresa e os resultados apareceram. Esses indicadores são imprescindíveis em qualquer negociação de investimento. É preciso mostrar resultados de forma concreta para que os gestores entendam o investimento e o custo-benefício do mesmo.

É preciso aproveitar este rico momento de desenvolvimento por que a empresa passa para implantar uma ferramenta consistente de gestão, que possa ser usada por todos com visibilidade, objetividade e uma mensuração clara para a compreensão de todos. Naturalmente, pensava na Avaliação por Competências. Iniciou o trabalho com Rui usando uma ferramenta semelhante, mas não completa como pensava em implantar agora, que tinha mais espaço para ousar. Rui já tinha familiaridade e com ele o resultado foi muito bom, portanto não seria um projeto de grande barreira.

Ferdinando preparou a apresentação, mostrando o que era Avaliação por Competências, a quais objetivos atendia na empresa, como era desenvolvida a ferramenta, a importância de ser personalizada para cada cargo, já que o objetivo era realmente complementar o perfil de competências, necessários para as atribuições de desenvolviam.

Rui achou interessante e concordou com o projeto, ao que Ferdinando imediatamente fez um cronograma de ações para apresentar ao Presidente e depois para todos os gestores.

Cronograma para implantação de Avaliação por Competências:

O que vai ser feito	Quem está envolvido	Como será feito	Quando será feito	Por que será feito
1. Palestra para todos os gestores, com apresentação do projeto	GP e Gestores de todos os níveis hierárquicos	Palestra interativa no auditório da empresa	Nos próximos 15 dias	Para que todos tenham conhecimento do projeto e participem das ações que lhes serão pertinentes
2. Contratação de uma consultoria especializada	GP e Presidência	Pesquisa de mercado e indicações	Imediatamente	Para que o projeto tenha suporte técnico especializado
3. Descrição dos cargos ou funções	GP, todos os cargos e demais	Através de questionários, entrevistas com os ocupantes dos cargos e validação das lideranças imediatas e da GP	Nos próximos três meses	Porque o primeiro passo para conhecer um cargo é saber o que ele faz, só então teremos a base para desenvolvimento das demais ferramentas

Continua na próxima página

O que vai ser feito	Quem está envolvido	Como será feito	Quando será feito	Por que será feito
4. Mapeamento e mensuração de perfil de competências de todos os cargos/funções	Consultoria contratada, GP e gestores para validação	Através das descrições de cargos e demais informações levantadas com os cargos	30 dias após o término das descrições de cargos	Para entender quais competências os cargos precisam e de quanto precisam em cada uma delas
5. Procedimentos da Avaliação	Consultoria, GP e Presidência	Em reuniões específicas para o assunto	Após validação da ferramenta personalizada de avaliação para todos os cargos	Para que seja disseminado para avaliados e avaliadores e todos tenham as mesmas informações
6. Capacitação dos gestores avaliadores nos procedimentos, ferramentas, *feedback* e Plano de Ação.	Consultoria e gestores	Através de módulos de treinamentos vivenciais e motivadores	Imediatamente após a aprovação dos procedimentos	Para que todos tenham os mesmos parâmetros e avaliem com técnica, ética e justiça

Continua na próxima página

O que vai ser feito	Quem está envolvido	Como será feito	Quando será feito	Por que será feito
7. Capacitação dos avaliados	Consultoria e gestores	Através de palestras vivenciais e motivadores	Imediatamente após o treinamento dos gestores	Para que todos estejam preparados para participar do projeto com comprometimento
8. Envio da autoavaliação para avaliados e avaliação para os gestores avaliadores	GP	Envio eletrônico	Após capacitações de avaliadores e avaliados	Para que respondam o questionário de avaliação e devolva para a GP
9. Recebimento dos questionários e tabulação	GP	Através do *software*	30 dias após o envio das avaliações.	Para tabular, revisar e corrigir possíveis erros cometidos por avaliados ou avaliadores
10. Envio das avaliações tabuladas para avaliados e avaliadores	GP	Eletronicamente	Após tabulação	Para que os avaliadores realizem as reuniões de avaliação com suas equipes

Continua na próxima página

O que vai ser feito	Quem está envolvido	Como será feito	Quando será feito	Por que será feito
11. Realização das reuniões entre avaliadores e avaliados	Avaliados, GP e avaliadores.	Reuniões individuais para dar *feedback* positivo, construtivo e fazer o Plano de Ação	No prazo de 30 dias após o recebimento das avaliações	Para identificar competências a serem potencializadas e complementar os perfis
12. Análise dos Planos de Ação para acompanhamento dos gestores imediatos e GP.	GP	Análise das avaliações e plano de ação	Após devolução das avaliações	Para identificar se todos entenderam e se está coreto
13. Pesquisa pós-avaliação	GP	Enviando formulário de pesquisa para avaliadores e avaliados	Após fechamento das avaliações	Para identificar dificuldades de avaliados e avaliadores e providenciar como sanar todas as dúvidas
14. Plano de treinamento para suprir dificuldades	GP	Treinamento, palestra, orientação individual, etc.	Após tabulação da pesquisa pós-treinamento	Para que na próxima avaliação não ocorram os mesmos erros

Continua na próxima página

O que vai ser feito	Quem está envolvido	Como será feito	Quando será feito	Por que será feito
15. Apresentação dos relatórios, com indicadores de desenvolvimento	GP	Via eletrônica	Após fechamento da avaliação e pesquisa	Para que todos saibam quais os maiores *gaps* de competências da empresa, de cada unidade, área, departamento, cargo, individual
16. Plano de desenvolvimento de competências para redução dos *gaps* identificados	GP	Através de um plano de treinamentos internos e externos para reduzir os maiores *gaps* de competências	Durante o período, até a próxima avaliação	Para desenvolver competências, complementar perfis e potencializar resultados
17. Acompanhamento dos planos de ação e sua eficácia	Gestores e GP	Acompanhamento pelo *software*, reuniões com gestores, etc.	Durante todo período, até a próxima avaliação	Para garantir que as ações sejam realizadas, e se houve alteração nos resultados

Continua na próxima página

E lá foi Ferdinando apresentar este plano de ação para Rui, explicando cada etapa. Rui ficou impressionado, verificando que o projeto era muito mais complexo do que imaginava e que não perderia ser feito de um dia para o outro, afinal era uma ferramenta para gerir o perfil de competências das pessoas.

O principal pré-requisito para o sucesso do projeto é a preparação das pessoas, o que leva um bom tempo, dependendo da quantidade de cargos e pessoas existentes na empresa. Envolve muitas etapas e muito treinamento, o que pode servir de impedimento na aprovação.

Mais uma vez, Ferdinando pediu um espaço na reunião gerencial seguinte para que fizesse apresentação do cronograma e já marcasse a data da palestra para todos os gestores. Já estava virando uma regra o espaço de tempo para Ferdinando nas reuniões gerenciais, sempre com novidades que eram muito bem recebidas pela maioria dos gestores.

Não seria possível que todos os gestores parassem ao mesmo tempo para treinamento, por isso seriam divididos em quatro turmas, em quatro dias seguidos para entenderem o projeto completo e já tivessem a orientação necessária para que pudessem participar de cada etapa do desenvolvimento das ferramentas; só após o desenvolvimento de todas as ferramentas, viria o treinamento completo para os gestores. Mas, na palestra inicial já teriam informações necessárias para participar do desenvolvimento de ferramentas junto à consultoria contratada e à área de Gestão de Pessoas.

Numa etapa de capacitação, teriam treinamentos completos sobre o projeto, para entender como as ferramentas são desenvolvidas e para que servem no processo de movimentação de pessoal, promoção, seleção, avaliação e desenvolvimento de perfil.

Ferdinando estava começando uma grande jornada, com implementação de uma ferramenta atualizada, focada, objetiva, mensurável e de grande visibilidade na empresa, com objetivo de desenvolver talentos para o sucesso em suas atribuições, um projeto que poderá trazer grandes resultados para a Best Consulting e valorizar ainda mais a área de Gestão de Pessoas.

A palestra com os gestores

Nesta palestra, Pessoa, em conjunto com a consultoria contratada, fez uma apresentação geral sobre avaliação por competências, mostrando o que é, para que serve, como funciona cada fase da implantação e os benefícios para avaliadores, avaliados, equipes, empresas, lideranças, clientes e resultados. Esclareceu todas as dúvidas e pediu apoio e colaboração de todos durante as fases de desenvolvimento de ferramentas, que seria uma fase de muito trabalho operacional, que deveria ser realizada em parceria com os gestores, afinal era um projeto de gestão participativa.

Informou a necessidade de trabalharem juntos no desenvolvimento das ferramentas de descrição de cargos, mapeamento de perfil e avaliação personalizada para cada cargo. Informou que marcaria reunião com cada gestor para levantar informações e trabalhar juntos nessas ferramentas de gestão de pessoas, deixando claro para que servia cada uma delas.

A apresentação foi feita pela consultoria, em conjunto com Ferdinando, que fazia os devidos acréscimos por já conhecer as características da sua equipe de gestores. Assim, as reuniões ocorreram num clima de cordialidade e cooperação, gerando muita expectativa e alto grau de compromisso de todos.

A contratação da consultoria

Ferdinando já tinha estudado várias metodologias de avaliação por competências e já tinha descartado algumas que não geravam credibilidade diante dos gestores, pois não ficava claro de onde extraíram as competências, e muitas delas saíam da subjetividade dos gestores e consultoria.

Pessoa queria uma metodologia objetiva, onde pudesse provar a todos quais as competências necessárias para cada cargo e do grau que essas competências precisavam, tendo uma metodologia que mostrasse claramente de forma que, após os treinamentos, qualquer gestor pudesse mapear e mensurar as competências de qualquer cargo. Queria um repasse de metodologia para evitar questionamentos e falta de credibilidade e, acima de tudo, técnica e objetividade para fortalecer a confiança de todos no projeto.

Para sentir-se ainda mais seguro, marcou visita em algumas empresas que já tinham implantado e analisou o método de cada uma; além disso, leu os consultores mais especializados no assunto e conversou com várias consultorias, até se definir pela metodologia e consultoria. Precisava de uma parceria que desse sustentação ao projeto e que pudesse responder a qualquer pergunta de avaliadores e avaliados com segurança.

Início do desenvolvimento das descrições de cargos

Ferdinando Pessoa fez uma agenda de reuniões com os gestores de todos os níveis hierárquicos para desenvolver a descrição de todos os cargos diretos de cada um. Começou pelo Presidente e diretoria, e foi descendo no organograma da empresa até que todos os cargos fossem atingidos. Este trabalho foi acompanhado por ele e realizado por um grupo de consultores parceiros, tinham um prazo apertado de 90 dias. Trabalharam intensamente, levantaram todas as informações sobre os cargos e depois viria o trabalho de bastidores, que era montar as avaliações, finalizar, analisar e marcar uma nova reunião de validação da ferramenta com todos os gestores.

Em 90 dias, já tinham uma ferramenta de gestão de pessoas pronta, atualizada e focada nas atribuições e responsabilidades de cada cargo ou função. Os gestores participavam com interesse do projeto e aproveitavam para fazer algumas perguntas e esclarecer dúvidas deles e das equipes.

O modelo abaixo foi enviado a todos os gestores para que fizessem reuniões com suas equipes, mostrando o modelo. Ferdinando enviou também instruções de como fazer uma descrição de cargo, da importância da participação da liderança imediata e algumas vezes do ocupante do cargo; e também da importância de manter a descrição atualizada, já com as datas de revisão. Informou também que a descrição era a base para desenvolvimento de outras ferramentas de gestão por competências, e todas sairiam erradas se a descrição estivesse incorreta, incompleta ou desatualizada.

IDENTIFICAÇÃO DO CARGO

Título: Gerente de Informática

Unidade: Corporativo	**Área:** Informática	**Setor:**
CBO:	**Código Interno:**	

MISSÃO DO CARGO

Suprir as necessidades da empresa em termos de sistema da informação com segurança, qualidade, integração de informações e fluxos operacionais.

RESPONSABILIDADES

1. Manter a equipe focada na Missão, visão, valores e políticas com o objetivo de alinhar a área às necessidades da organização.
2. Coordenar, orientar e apoiar a equipe na realização das tarefas visando à excelência das atividades da área e o desenvolvimento da equipe.
3. Assegurar que as informações fluam entre os clientes internos através de orientações e acompanhamento, primando pelos resultados.
4. Manter a infraestrutura em perfeitas condições para a excelência das atividades.
5. Estabelecer cronogramas e controlar as prioridades dos serviços e projetos.
6. Oferecer suporte técnico e treinamento para clientes internos e externos.
7. Inspecionar os equipamentos e sistemas no momento do recebimento, e acompanhar a sua montagem e implantação, visando a comprovar a especificação técnica solicitada.
8. Participar do processo de seleção dos candidatos às vagas de cargos liderados diretos, visando a oferecer respaldo técnico para a contratação.

Maiores desafios do cargo

Integração com todas as áreas da organização.

Rede de relações diretas
Líder direto: Diretor Administrativo-Financeiro. **Liderados**: Analista de Sistemas, Analista de Suporte e Analista de DBA. **Pares laterais**: Gerentes de Unidades e Gerentes da Matriz. **Relações Externas**: Fornecedores.
Ambiente físico e equipamentos
Ambiente: Unidade Corporativa. Equipamentos: computadores e equipamentos complementares associados.
Conhecimento técnico necessário
Escolaridade básica: Superior em Tecnologia da Informação e especializações. Cursos complementares exigíveis: Ambiente Oracle (banco de dados, Pl-SQL, FORMS E REPORTS). Cursos complementares desejáveis: designer gráfico. Tempo de experiência na área para assumir o cargo: 5 anos.
Habilidades exigidas
• Tarefas e responsabilidades dos colaboradores da equipe. • Gestão administrativa e técnica específica da área de TI. • Especialização em Gestão de Pessoas. • Informática e sistemas gerenciais de informação. • Inglês Fluente.
Aprovação
Líder direto:
Responsável RH:
Revisão Nº   **Data:**

Desenvolvimento do mapeamento e da mensuração dos perfis de competências de todos os cargos

O mapeamento e a mensuração do perfil de competências dos cargos ou funções tinham como pré-requisito as descrições de cargos finalizadas e validadas pelos gestores responsáveis. Isso já estava pronto, e a consultoria com o acompanhamento de Pessoa pode entrar no trabalho de bastidores, fazendo o mapeamento e a mensuração dos perfis, pois na oportunidade do levantamento de informações para descrições, já levantaram também as informações necessárias para o mapeamento de perfil, o que agilizou a etapa.

Marcaram reuniões com os gestores para analisar, complementar e validar os mapeamentos. Com isso, os gestores estavam aprendendo sobre essas ferramentas de gestão, o que iria ajudar muito na época dos treinamentos sobre o uso delas. Estavam prontos para a etapa seguinte e comemoravam cada etapa. As comemorações marcavam o encerramento de cada etapa e ajudavam a demonstrar a importância do projeto e de cada ferramenta desenvolvida, criavam expectativas muito positivas, já que até pouco tempo atrás só havia cobrança e nada de comemorar metas alcançadas.

O boletim de informações do projeto saía a cada 15 dias, com artigos interessantes sobre desenvolvimento humano; tinha uma parte da equipe gestora responsável por isso, para disseminar informações técnicas, porém, estimulantes, agregando valor a quem lesse, sobre o projeto e quanto ao andamento do mesmo. Não faltava informação a ninguém.

Um exemplo de mapeamento e mensuração de perfil:

Modelo de mapeamento das competências técnicas e comportamentais do cargo

Indicadores de competências	Competências técnicas	Competências comportamentais
Manter a equipe focada na missão, visão, valores e políticas, com o objetivo de alinhar a área às necessidades da organização.	Conhecimento das políticas e do plano estratégico da empresa	Comunicação, visão estratégica, visão sistêmica, espírito de equipe, liderança orientadora, treinadora, desenvolvedora, estratégica
Coordenar, orientar e apoiar a equipe na realização das tarefas visando à excelência das atividades da área e ao desenvolvimento da equipe	Domínio de Gestão de Pessoas	Liderança orientadora, desenvolvedora, comunicação, foco em resultados
Assegurar que as informações fluam entre os clientes internos através de orientações e acompanhamento, primando pelos resultados.	Técnicas de comunicação interna	Comunicação Liderança orientadora, estratégica, foco em resultados
Manter a infraestrutura em perfeitas condições para a excelência das atividades.	Domínio da Gestão de TI	Organização, planejamento, proatividade, foco em resultados.
Estabelecer cronogramas e controlar as prioridades dos serviços e projetos	Técnicas e ferramentas de planejamento de projetos	Organização, planejamento, proatividade, foco em resultados

Continua na próxima página

Indicadores de competências	Competências técnicas	Competências comportamentais
Oferecer suporte técnico e treinamento para clientes internos e externos.	Técnicas de apresentação, didática	Liderança treinadora, orientadora e desenvolvedora, comunicação, espírito de equipe
Inspecionar os equipamentos e sistemas no momento do recebimento e acompanhar a sua montagem e implantação, visando a comprovar a especificação técnica solicitada.	Domínio dos sistemas operacionais	Capacidade de cumprir normas e procedimentos, disciplina, organização, liderança orientadora, foco em resultados
Participar do processo de seleção dos candidatos às vagas de cargos liderados diretos, visando a oferecer respaldo técnico para a contratação.	Técnicas de recrutamento e seleção	Cooperação, espírito de equipe, liderança participativa, comunicação, foco em resultados

Modelo de mensuração de competências comportamentais

Grupo	Competências	Grau
Competências orientadas para o cliente	Comunicação, cooperação	3,12
Competências orientadas para a Gestão de Pessoas	Liderança orientadora, estratégica, treinadora, desenvolvedora, participativa, espírito de equipe	3,75
Competências orientadas para resultados	Organização, planejamento, proatividade, foco em resultados, capacidade de cumprir normas e procedimentos, disciplina, visão estratégica, visão sistêmica	4,38

Os graus de mensuração obedecem a seguinte regra:
Grau máximo = 5
Grau mínimo = 1

Grau 1	Grau 2	Grau 3	Grau 4	Grau 5
O cargo necessita de pouquíssima evidência da competência	O cargo necessita de pouca evidência da competência	O cargo necessita de média evidência da competência	O cargo necessita de boa evidência da competência	O cargo necessita de forte evidência da competência

Fórmula: grau máximo dividido pelo nº de indicadores multiplicado pelo nº de indicações.

Explicação:
grau máximo = sempre será 5
Nº de indicadores = quantidade de atividades da descrição de cargo.
Nº de indicações = quantidade de vezes que o grupo de competências similares foi indicado, partindo do princípio que, tendo indicado uma competência do grupo, indicou o grupo.

Nesta etapa, temos o registro das necessidades do cargo, isto é, quais competência técnicas e comportamentais o cargo precisa. Temos o perfil de competência do cargo ou da função.

Desenvolvimento da ferramenta de Avaliação por Competências personalizada para cada cargo

Que maravilha chegar nesta etapa do projeto, já temos duas importantes ferramentas, as descrições de todos os cargos e os mapeamentos dos perfis dos cargos ou funções.

Os gestores estão sensibilizados para participar das ações e as etapas estão se realizando dentro do programado, tudo isso causa imensa satisfação a Ferdinando, que logo poderá mostrar a todos o que realmente é uma Avaliação por Competências. Até pouco tempo atrás, era um sonho impossível, mas como Ferdinando é persistente em seus sonhos, agora está se transformando em realidade.

A consultoria, mais uma vez com acompanhamento de Ferdinando e sua equipe, montou as avaliações personalizadas para cada cargo, pois já tinham o material que era a fonte para chegar às avaliações. Terminando as avaliações, fez uma agenda de reuniões com os gestores para mostrar, explicar, complementar e validar as avaliações personalizadas para cada cargo e assim, se cumpriu o programa de desenvolvimento das ferramentas de Avaliação por Competências, conforme programado no cronograma inicial.

Exemplo de uma ferramenta de Avaliação por Competências

Competências	Medidor de competências	Grau
Comunicação e cooperação	Comunica-se claramente com clientes internos e externos e está sempre disposto a colaborar quando necessário	
Espírito de equipe e liderança participativa	Tem facilidade para envolver a equipe nos projetos e dá suporte sempre que necessário	
Liderança orientadora e treinadora	Trabalha em conjunto com a equipe, orientando e treinando de acordo com a necessidade do momento	
Liderança desenvolvedora e estratégica	Investe no aperfeiçoamento da equipe, atualizando-se com as tendências de mercado.	
Visão sistêmica e visão estratégica	Dissemina para a equipe a visão sistêmica da empresa, da equipe e de cada produto que desenvolvem	
Organização, planejamento e proatividade	Estimula a equipe a trabalhar com ordem de prioridade para garantir que o mais importante seja realizado	
Foco em resultados, disciplina e capacidade de cumprir normas e procedimentos	Atende a normas e regulamentos da empresa sem questionamentos; estimula a equipe a fazer o mesmo, primando pelos resultados	

Critério para mensuração da Avaliação

Grau 1 = Não se enquadra com a afirmação do medidor de competências
Grau 2 = O avaliado se enquadra em aproximadamente 25% da afirmação do medidor de competências
Grau 3 = O avaliado se enquadra em aproximadamente 50% da afirmação do medidor de competências
Grau 4 = O avaliado se enquadra em aproximadamente 75% da afirmação do medidor de competências
Grau 5 = O avaliado se enquadra totalmente na afirmação do medidor de competências

Pode acontecer de alguns cargos precisarem de graus mais baixos em algumas competências, por exemplo, se as competências precisam de grau 3 e o avaliado tirou 3, significa que o cargo precisa de média evidência e o avaliado está dentro do perfil.

Desenvolvimento dos procedimentos do projeto de Avaliação por Competências

Era finalmente o momento de criar os procedimentos do projeto de avaliação para que fosse compartilhado nos treinamentos e todos recebessem o manual da avaliação, que continha informações importantíssimas.

Começaram pelo objetivo do projeto, o que levou a empresa a implantar, clarificando o que é avaliação, competência, para que servem, benefícios, e como funciona o projeto de implantação, fazendo o passo a passo e incluindo algumas informações, como as relacionadas abaixo:

1. Apresentação do desenvolvimento do projeto para as lideranças da empresa, a fim de que tenham o conhecimento necessário para participar das atividades de desenvolvimento de ferramentas, afinal é um projeto de gestão participativa. Não pode ser algo que aparece pronto, sem informação e participação do público alvo, e seja imposto para que todos aceitem como vem, sem ter participado da construção desde o início.
2. Desenvolvimento do ferramental de gestão de pessoas por competências com participação das lideranças imediatas: descrições de cargos, mapeamento dos perfis de competências e Avaliação por Competências; todos personalizados para cada cargo. Só assim é possível fazer a gestão de desenvolvimento de cada cargo ou função existente na empresa.
3. Definição dos procedimentos do projeto de avaliação:
- Definir tempo para cada etapa do projeto, considerando o tamanho da empresa, a quantidade de cargos e a disponibilidade da equipe gestora do projeto.

- Definir o modelo de avaliação; o ideal é começar com 180 graus, com o objetivo de chegar aos 360 graus. Quando sugerimos iniciar com autoavaliação e avaliação da liderança imediata, estamos iniciando com 180 graus. Com os resultados da pesquisa de pós avaliação e o aumento da maturidade da empresa para avaliar e ser avaliado, poderemos aumentar um grau em cada período até chegar aos 360°, que é o modelo ideal de avaliação por competências, onde cada avaliado faz sua autoavaliação e recebe avaliação do seu líder, dos pares, dos clientes internos, etc. Tudo isso é construído criteriosamente de acordo com a realidade de cada empresa, e o número de formulários avaliações poderá ser diferente de acordo com o número de cargos. Os avaliadores de cada período poderão ser diferentes, porque é feito por sorteio eletrônico, quando há um *software* para isso. Não havendo, poder-se-á criar um procedimento manual com total ética e imparcialidade.

- É importante ressaltar que a avaliação encerrada dará origem ao levantamento de necessidade de treinamento mais fidedigno que uma empresa pode ter. Isso somente acontecerá se cada gestor, cada avaliador e cada avaliado estiverem engajados no projeto, agindo de acordo com orientação da equipe gestora, para não manipular as informações finais. Isso significa que precisamos da ética, transparência e comprometimento de cada um, para que os resultados finais sejam confiáveis. A empresa vai usar esses resultados para fazer seu plano de desenvolvimento de competências do período seguinte. Se os dados forem fiéis, teremos redução de *gaps* de competências; caso contrário, estaremos gastando o orçamento de desenvolvimento indevidamente. Por isso, é grande a responsabilidade de cada um ao preencher um questionário de avaliação, é uma ação para contribuir no desenvolvimento do avaliado e potencializar resultados através de pessoas para empresa.
- Definir a data do primeiro disparo de autoavaliação e avaliação dos subordinados. Nes-

ta etapa, todos deverão ter participado dos treinamentos e ter as mesmas orientações. Isso é o que vai garantir o sucesso do projeto.

- Definir prazo para a devolução da etapa acima. Este prazo deve ter em conta o tamanho das equipes. Caso haja tamanhos muito diferentes, é aconselhável criar no mínimo três prazos: curto, médio e grande, para não sermos injustos com os gestores que têm uma equipe enorme para avaliar. Não é justo que ele tenha o mesmo prazo que um gestor que tem dois ou três avaliados.

- Definir grau de disparidade entre grau do avaliador e do avaliado. Este é um detalhe importante, principalmente numa primeira avaliação. O gestor pode atribuir um grau totalmente diferente do atribuído na autoavaliação. Caso isso aconteça, a equipe gestora vai chamar avaliado e avaliador para identificar onde está o erro e acertar os graus antes da reunião de avaliação, para evitar possíveis conflitos.

- A equipe gestora deverá fazer as intervenções com todos os erros identificados na avaliação e orientar para que seja feito da forma correta. Aqui relacionamos alguns erros que poderão ocorrer:
- O gestor não ter tempo e fazer tudo na última hora, pedindo a validação do avaliado, sem fazer a entrevista de avaliação;
- O Gestor avaliar igualmente toda a equipe, achando que assim será imparcial. A equipe gestora deverá intervir, orientar e solicitar que avaliação seja refeita;
- Nas empresas que associam avaliação com planos de cargos e salários, como na empresa pública, muitas vezes o gestor avalia toda a equipe com grau máximo para evitar prejudicar financeiramente. Neste caso, a equipe gestora deve acompanhar de perto, orientando sobre o real objetivo da avaliação, que é desenvolver competências para potencializar resultados através de pessoas, complementar o perfil de competências com relação à necessidade das atribuições do cargo. Ajudando a mudar os paradigmas usados antes nas avaliações, a equipe gestora estará trazendo grande contribuição para a empresa. Um gestor que avalia toda a equipe com graus máximos tem uma equipe perfeita, não tem erros, problemas, conflitos, nem reclamações de clientes internos e externos. É uma equipe com alto índice de satisfação e produtividade. Este gestor não poderá ter nenhuma reclamação da sua equipe, para ser coerente com as avaliações que fez;
- O gestor que avalia com menores graus toda equipe. Também é um caso a ser adminis-

trado, pois se um gestor tem toda equipe com péssimo perfil, o seu perfil também deve ser questionado e ele precisa de ajuda para refazer as avaliações com critérios técnicos e éticos;
- Definir o disparo das avaliações tabuladas. Aqui o prazo deve ser maior que o anterior, porque os gestores agendarão reuniões com cada componente da sua equipe; é preciso que ele tenha o tempo necessário para realizar reuniões produtivas, criativas, com o objetivo de investir no desenvolvimento do perfil dos seus colaboradores;
- A equipe gestora deve fazer acompanhamento dos PDCs, analisar coerência entre o tamanho dos *gaps* e a quantidade de ações de desenvolvimento. Os gestores terão um dicionário de ações de desenvolvimento para negociar na reunião de avaliação, que ações devem ser realizadas para desenvolver as competências que tiverem *gaps*. É importante ser estratégico nesta questão, pois um pequeno *gap* gera uma ação mais simples para desenvolvê-la, enquanto que *gaps* maiores precisam de uma sequência de ações para aumentar a possibilidade do desenvolvimento. A equipe gestora deverá analisar os PDCs e intervir, caso encontre ações desproporcionais ao tamanho do *gap*, e orientar avaliador e avaliado;
- Caso a equipe gestora perceba alguma não conformidade, o gestor deve ser orientado e a avaliação deverá ser refeita. Esta autonomia da equipe gestora deverá ser bem divulgada nos treinamentos para que não haja nenhuma surpresa desagradável para nenhuma equipe;

- A equipe gestora deverá fazer a pesquisa pós-avaliação; só assim terá indicador de maturidade em avaliação e poderá identificar necessidades e atendê-las;
- A equipe gestora deverá acompanhar as reuniões de acompanhamento e a eficácia dos avaliadores; caso não estejam sendo realizadas, a equipe gestora deverá agendar uma reunião com o avaliador para orientar e solicitar o compromisso da realização;
- A equipe gestora fará análise das avaliações e levantará relatórios com *gaps* de competências de cada cargo, cada departamento, cada unidade, da empresa como um todo, etc;
- Com base nos maiores *gaps* identificados nos relatórios, a equipe gestora vai fazer o plano de desenvolvimento de competências, com o orçamento destinado para tal. Na avaliação seguinte, já teremos um histórico de desenvolvimento de cada colaborador e da empresa, sabendo quanto investiu e quanto desenvolveu de competências, mostrando onde essas competências serão diferenciais de qualidade e resultados;
- Como podemos observar nos itens acima, a equipe gestora do projeto tem um papel estratégico fundamental, não apenas operacional e contemplativo, de entregar as avaliações, receber de volta, tabular e devolver para reuniões de avaliação. Este é um papel operacional que já ficou no passado. Agora, ***a equipe gestora deve ter autonomia para fazer a gestão do projeto e intervir mesmo com os cargos mais estratégicos que estiverem acima hierarquicamente.*** Para fazer parte desta equipe, os colaboradores devem estar muito bem preparados e tomar posse da sua autonomia para corrigir

todos os erros identificados e ajudar avaliadores e avaliados a participarem corretamente do projeto;
- Vale a pena enfatizar também a quantidade de indicadores de desenvolvimento que este projeto poderá fornecer e esses indicadores deverão ser divulgados para que todos percebam os resultados e se comprometam cada vez mais com o projeto. Alguns importantes indicadores:
- Percentual de *gaps* de competências da empresa;
- Percentual de *gaps* de competências de cada unidade;
- Percentual de *gaps* de competências de cada área ou departamento;
- Percentual de *gaps* de competências de cada colaborador;
- Percentual de *gaps* de competências de cada nível hierárquico;
- Percentual de *gaps* de competências de lideranças;
- Percentual de *gaps* de competências de cargos gerenciais;
- Histórico de desenvolvimento de todos os itens acima;
- Relatório de maturidade de avaliadores e avaliados através da pesquisa;
- Relatório dos investimentos realizados e das competências desenvolvidas;
- Relatório da produtividade *versus* competências desenvolvidas;
- Relatório do clima interno *versus* competências desenvolvidas;
- Relatório individual do histórico de desenvolvimento de cada colaborador, área, departamento, unidade, empresa toda;
- Outros, de que a empresa necessite.

Capacitação dos gestores avaliadores

Esta etapa é crucial para o sucesso do projeto. Muitas empresas negligenciam esta etapa e acabam tendo um projeto cheio de resistências e insatisfações, sem ou com pouco resultado.

Muitas empresas já implantaram avaliação várias vezes sem sucesso, justamente porque não investem na preparação das pessoas. Veja bem, esta é a maior e mais eficaz ferramenta de Gestão de Pessoas, mas para funcionar é preciso que os gestores e avaliadores sejam muito bem sensibilizados, conscientizados e orientados tecnicamente.

Um dos principais objetivos de avaliação é transformar os gestores em lideranças *coaches*; a prática da avaliação como está sendo proposta no projeto é um grande exercício prático de liderança *coach*. Esta transformação não acontece com uma palestra, nem de um dia para o outro; por isso, fazer um bom plano de treinamento aos gestores é o segredo do sucesso do projeto. Após desenvolvimento de ferramentas e treinamento de avaliadores e avaliados, a avaliação é disparada para todos, e então a equipe gestora estará delegando a prática e o sucesso do projeto para os gestores.

Muitas empresas fazem uma semana de plantão de dúvidas sobre o projeto antes de disparar as avaliações para medida de prevenção, pois alguns gestores só se preocupam com avaliação, quando chega à etapa final, e precisamos agir preventivamente para evitar problemas.

A capacitação dos avaliadores deve contemplar, no mínimo:

- O motivo que gerou o projeto;
- O papel da equipe gestora do projeto;

- O que é avaliação, competência técnica e comportamental;
- A técnica do desenvolvimento das ferramentas envolvidas;
- Técnica de *feedback*;
- Técnica de negociação e acompanhamento do PDC (Plano de Desenvolvimento de Competência);
- Treinamento do sistema que abriga as ferramentas;
- Treinamento com os formulários;
- Prática de reunião de avaliação;
- Exercícios práticos de *feedback*;
- Benefícios do projeto para avaliadores, avaliados, equipes, clientes e resultados.

Capacitação dos avaliados

Nesta etapa, é necessário conscientizar o avaliado para o seu papel ético, imparcial e transparente na autoavaliação. Preparar para a reunião com o avaliador, a postura, a importância de participação, o avaliado deve falar mais que 50% do tempo, afinal ele está sendo avaliado e em muitos casos tem necessidade de esclarecer coisas que nunca teve oportunidade antes. O avaliado está sensibilizado para ser o facilitador da reunião e ajudar o avaliado a falar. O processo de comunicação de via dupla aqui é indispensável: avaliador e avaliado aprofundarão conhecimentos e conhecerão expectativas um do outro, o que certamente contribuirá para um melhor relacionamento no dia a dia. O gestor terá maior abertura para fornecer todos os tipos de *feedbacks* e o subordinado terá maior acesso para esclarecimentos de toda natureza junto ao seu gestor. Esta prática de liderança *coach* não é para acontecer apenas em dias de reunião de avaliação, mas se estender no relacionamento do dia a dia.

Aplicação da avaliação: responder os questionários; mas, antes, o plantão de dúvidas

A Best Consulting está tecnicamente preparada para iniciar o processo de Avaliação por Competências. É grande a expectativa da equipe gestora, dos gestores, avaliados, enfim, de toda a população da empresa, pois a avaliação é para todos.

Foi definida a data do disparo das avaliações e um boletim informando que a equipe gestora do projeto faria um plantão de dúvidas de uma semana, atendendo pessoalmente, por telefone, por e-mail, pela intranet (que tinha uma página especial para divulgar informações sobre o projeto), etc. O objetivo era tirar todas as possíveis dúvidas de última hora para redução de erros durante o processo. Muitos avaliadores e avaliados procuraram a equipe gestora nesta semana para esclarecimentos; foi uma semana produtiva, e a equipe gestora viu a quantidade de dúvidas que aparecem na última hora, por exemplo:

- A partir de quanto tempo na atividade o colaborador deve ser avaliado?

A resposta é a partir de seis meses na sua atividade, mesmo que já trabalhasse em outra área da empresa. Com tempo menor, pode não haver o conhecimento necessário para realizar uma avaliação.

- Gestores recém-promovidos podem avaliar a equipe?

Esses gestores, por mais boa vontade que tenham, ainda não conhecem a equipe o suficiente para fazer uma avaliação, portanto ela poderá ser prorrogada pela equipe gestora até que se cumpra o tempo suficiente. No caso do antigo gestor da equipe ainda fazer parte da empresa, os dois podem fazer uma parceria para avaliar a equipe juntos, assim haverá maior garantia de assertividade.

- Quais os critérios dos gestores para avaliar?

É tempo de serviço, amizade, parentesco, ter cometido erros recentes, ter participado de bons projetos, afinidade?

Essas questões angustiam os avaliados, que procuram por segurança. Portanto, é importante esclarecer que o avaliador foi treinado e orientado para fazer uma avaliação imparcial, justa, ética e transparente. O objetivo é avaliar o último ano do desempenho do avaliado. Isso independe de relação de afeto e desafeto. Nesta oportunidade, o avaliador está reservando um tempo para investir no desenvolvimento de competências da sua equipe, porque, como já foi dito nas palestras, tudo é feito pelas pessoas, só que pessoas com perfil para atribuições, e esta ferramenta vai contribuir para complementar os perfis dos colaboradores com relação à necessidade do cargo. Os gestores não podem perder a chance de serem os mais íntegros possíveis, pois este desenvolvimento vai impactar nos resultados pelos quais eles são cobrados.

Outras perguntas chegaram para a equipe gestora, que aos poucos esclarecia e reduzia a ansiedade para a participação do projeto.

O primeiro disparo das avaliações

Certamente a equipe gestora achava que não havia mais dúvidas e que todos estavam totalmente preparados, mas... não é bem assim quando se trata de pessoas.

A primeira surpresa começou com o Presidente, que, ao receber os questionários de avaliação dos diretores, chamou Ferdinando para uma conversa e disse que não conhecia os diretores o suficiente para fazer uma avaliação tão profunda do perfil deles. Mesmo fazendo reuniões periódicas com todos, ainda não tinha conhecimento suficiente para uma avaliação justa, imparcial. Não queria desmotivar a equipe de diretores, pois tinha medo que isso fosse repassado para suas equipes.

Ferdinando o acalmou dizendo que teriam uma reunião de consenso, onde um iria conhecer as expectativas do outro, para juntos chegarem a uma conclusão sobre cada grau que seria atribuído. Teriam uma reunião cordial, onde o presidente deixaria claro sua postura de investir no desenvolvimento. O objetivo não era acusação, cobrança, punição; ao contrário, era primeiro identificar as características positivas e fornecer um *feedback* positivo, assim conquistaria segurança e confiança para fazer o *feedback* construtivo e o PDC – Plano de Desenvolvimento de Competências.

Ferdinando teve uma ótima ideia e pediu para ser o primeiro a ser avaliado, assim poderia dar um *feedback* sobre a postura de avaliador do Presidente, para que ele se sentisse mais tranquilo e seguro com sua equipe de diretores. Assim foi feito.

Durante os *feedbacks* de Ferdinando para o seu avaliador, prometeu trazer um plano que o ajudasse a conhecer melhor sua equipe, para que a mesma situação não se repetisse na próxima avaliação; isso deixou Rui mais seguro para dar continuidade à sua missão de avaliador.

Os outros diretores também tiveram algum grau de dificuldade, o que se manifestou mesmo na etapa seguinte, após a tabulação das avaliações e envio para que fizessem as reuniões de avaliação e *feedback* com os avaliados.

O segundo disparo das avaliações

Enfim, chegava o momento da prova dos nove, de pôr em prática tudo que havia sido desenvolvido e treinado por mais de oito meses. Não era uma situação confortável para ninguém; a expectativa era grande pelos resultados, e as reuniões de avaliação se iniciaram com o acompanhamento da equipe gestora do projeto, que ia sempre procurando informação sobre o andamento das reuniões de avaliação, percebendo necessidades e ajustando um errinho aqui, outro ali, para que tudo saísse dentro do esperado.

O Diretor Comercial, João Carente, foi avaliado pelo Presidente, e como tinha enorme necessidade de ser reconhecido, uma carência insaciável, gostou de receber *feedbacks* positivos, afinal Rui não tinha este hábito, começara a prestar atenção nas pessoas há pouco tempo e este foi o melhor *feedback* que João recebia na empresa. Rui citou o quanto percebeu de melhoria no relacionamento dele com a área de Tecnologia, mostrou vários benefícios que este relacionamento trouxe para a empresa e resultados. Rui solicitou também que ele prestasse atenção na equipe, que procurasse identificar as qualidades de cada um para estimular cada vez mais, pois assim seriam mais fortes e produtivos. Esta experiência de ser avaliado o ajudou muito a fazer suas avaliações, seu plano de ação já começou a ser aplicado na interação com a equipe durante as avaliações e naturalmente se estendendo no dia a dia, o que era o objetivo.

O novo Diretor Administrativo, Benício Amoroso, era um grande gestor de pessoas, comprometido, didático, e procurou colocar em prática tudo que foi solicitado nos treinamentos, gerando alto índice de satisfação para sua equipe e muito estímulo para que investissem nos seus planos de desenvolvimento de competências. A equipe gestora do projeto o procurou para parabenizar e agradecer a parceria.

A Gerente Comercial, Maria dos Prazeres, tinha uma personalidade admirável, alegre, bem humorada, determinada, festeira. Gostava de comemorar tudo, metas, aniversários, problemas resolvidos, boas sugestões de funcionários. Comemorava tudo que era possível, nenhum feito passava em branco.

Tinha ótimo relacionamento com a equipe, sabia a importância de ter uma equipe motivada e contagiava a equipe com ânimo e disposição para vencer. Inspirava a equipe a pensar e aperfeiçoar mesmo o que já era bom, e assim trabalhavam numa sinergia fantástica. Essas características ajudaram muito esta equipe a fazer uma avaliação com muito profissionalismo, motivação e justiça. A equipe gestora do projeto pediu alguns minutinhos na pauta da reunião seguinte e deu um *feedback* inspirador e contagiante para todos, agradecendo a qualidade da participação no projeto.

Linda Pensativa tinha um temperamento introspectivo, era econômica na sua comunicação e expressão verbal, não tinha tempo para interagir com a equipe e por isso temia as críticas que pudessem surgir dos seus avaliados. Estava tensa, preocupada, e com isso adiava o início das reuniões de avaliação.

O sistema informatizado de avaliação mandava informações a cada três dias, dizendo quanto tempo faltava para entrega das avaliações, sempre acompanhado de uma mensagem positiva. A equipe gestora acompanhava via sistema os gestores que já iniciaram as avaliações, quantas fizeram em relação à quantidade de avaliados que tinham para que pudessem intervir em qualquer não conformidade. Percebendo a demora de Linda para iniciar as reuniões de avaliação, pediram uma reunião para entender o motivo da demora e auxiliar no que fosse possível para que tudo ocorresse dentro do esperado. Esta ação proativa da equipe gestora deu coragem para Linda, que iniciou sua primeira reunião. Ela começou com os avaliados com quem tinha maior facilidade de interação e menor probabilidade de conflito, mas... quando chegou nos mais críticos, ouviu algumas reivindicações, como: precisavam de suporte em situações novas e complexas, não tinham *feedback*, nunca sabiam se estavam indo bem ou não, tinham muita cobrança e nenhum reconhecimento, sentiam-se invisíveis, muitas vezes, que nem cumprimentados eram, e outras coisas mais.

Linda não sabia lidar muito bem com tudo isso, mas estava participando de um programa de desenvolvimento de liderança e isso a ajudou bastante, no mínimo a reconhecer que estava deixando a desejar no seu papel de liderança. Tinha total segurança na parte técnica e se integrava a ela de corpo e alma, mas agora entendeu o que é Gestão de Pessoas e viu que tinha que priorizar tempo para a equipe. Não queria receber aquele amontoado de críticas novamente. Pediu à equipe gestora para participar de curso de comunicação interna e se dedicou às leituras sobre liderança. Neste caso, já podemos perceber o efeito da Avaliação por Competências. Linda fortaleceu laços com a equipe gestora, que se comprometeu em ajudá-la no que fosse possível.

A equipe gestora aproveitou a abertura daquele momento para oferecer um trabalho de espírito de equipe, envolvendo-a com toda a equipe; isso sem dúvida estreitaria laços entre Linda e a equipe.

Linda gostou da ideia, e logo fizeram um cronograma de reuniões para integrar e engajar Linda com sua equipe de trabalho.

Ferdinando Pessoa, Gestor da área de Gestão de Pessoas, estava esfuziante com este momento máximo que a empresa vivia com relação ao desenvolvimento de pessoas. Queria ser o primeiro a fazer suas avaliações e dar todo suporte para a equipe gestora do projeto para não perder o controle de nada. Ferdinando já fazia sua gestão com maestria, estava presente nos momentos difíceis, dava créditos a quem trazia sugestões, realizava coisas boas, fornecia *feedbacks* positivos e construtivos com muita técnica e motivação, acompanhava o desenvolvimento técnico e comportamental da equipe, desafiava a equipe, delegava responsabilidades, tinha equilíbrio na administração do técnico e comportamental, não perdia uma oportunidade de aperfeiçoamento e o projeto o estimulava a ser cada dia melhor. Fez suas avaliações sem grande novidades, pois tinha comunicação de via dupla e nunca deixara de ter clareza nas expectativas de cada pessoa e de cada projeto.

Inventivo Paixão, Gerente de Logística, era apaixonado pelo que fazia, era minucioso com cada processo, cada máquina, equipamento, etc. Gostava de saber como tudo funcionava, sabia falar sobre cada equipamento do seu departamento, até criava novas funções, fazia adaptações em suas máquinas para atenderem alguma demanda específica, mas as pessoas, ele não conhecia. Apenas cobrava resultados e tinha uma equipe comprometida, séria, fria, de pouco relacionamento, cada um focado no seu trabalho, pouca interação, cooperação, disponibilidade. Isso causava alguns problemas, mas era a cultura imposta por Inventivo Paixão.

Inventivo não sabia direito por onde começar suas reuniões de avaliação e teve uma ideia: fazer uma reunião com todos para dar uma sensibilizada, se aproximar mais da equipe e depois iniciar as reuniões. Na reunião geral, ele falou das suas dificuldades de comunicação, pediu desculpas à equipe pelas situações em que não deu o suporte necessário, mas que ninguém nasce sabendo tudo, a empresa não investia nesse tipo de projeto. Agora, com os programas de liderança, avaliação e outros mais, certamente ele teria consistência para realizar mudanças na sua forma gestão e contava com a compreensão de todos. Aproveitou para falar dos seus critérios de avaliação, que estaria avaliando o último ano com total imparcialidade, profissionalismo e justiça. A avaliação tinha o objetivo de desenvolver competências nas pessoas, portanto, relações de parentesco, amizades, não entrariam em questão; o objetivo era identificar os pontos fortes e reforçar aqueles que precisavam de melhoria, para fazer o PDC com objetivo de complementar o perfil em relação à necessidade do cargo.

Inventivo foi feliz com esta estratégia de sensibilização, quebrou resistências e teve reuniões muito bem equilibradas, deu e recebeu boas sugestões e fortaleceu o relacionamento com toda a equipe, esforçou-se ao máximo para demonstrar sua real intenção de contribuir com o desenvolvimento de todos e com o próprio.

Liza Acolhedora, Gerente de Marketing, tinha uma boa relação com a área de Gestão de Pessoas e também era uma boa gestora, muito próxima da sua equipe e se preocupava em energizar, contagiar, influenciar positivamente a equipe e tinha total confiança e parceria da equipe, enaltecia o trabalho em equipe e a valorização de pessoas, de forma que as reuniões de avaliação não tiveram grandes novidades a não ser para inspirar a equipe e identificar onde cada um poderia enriquecer o seu perfil de competências.

Vanda Indecisa, Gerente de TI, era uma boa pessoa, seguia regras com muita facilidade, era disciplinada, mas quando as coisas saíam do *script*, sentia-se meio perdida. Participou de todo o projeto, achou tudo muito interessante, mas quando chegou a hora de pôr em prática, sem uma "receita de bolo" nas mãos, ficou apavorada. Ela queria algo que tivesse a informação sobre se o avaliado, se ele falasse isso ela responderia aquilo. Como não tinha um padrão, um modelo para ser seguido, ela se desesperava em pensar que alguém poderia questioná-la, não aceitar suas colocações, ser resistente ou algo parecido. O que ela faria numa situação onde perdesse o controle?

Decidiu pedir mais uma seção de tira dúvidas com a equipe gestora e colocou todas as suas preocupações. A equipe deu sugestão para que ela começasse fazendo uma sensibilização e dizendo que também estava aprendendo, era a primeira vez que estava participando de um programa como este e que se esforçaria para fazer o melhor. Terminando esta introdução, aconselharam para que ela fizesse perguntas do tipo:

- "O que está achando do projeto?"
- "Participou de todos os treinamentos?"
- "Teve algo que não entendeu ou não concordou?"
- "Tem sugestões para o projeto?"
- "Acredita que este projeto pode melhorar as relações entre líderes e equipes?"

A equipe gestora pediu para que ela ouvisse mais e falasse menos, assim sempre teria indicadores para saber se estava conduzindo no caminho certo. Quando as pessoas sentem que têm espaço para falar, reduz-se a ansiedade e resistência, fica mais fácil ter um relacionamento livre de conflito, que era o que Vanda mais temia.

Essas dicas foram preciosas para Vanda e a ajudaram a conduzir as reuniões com maior segurança. Essa experiência foi significativa para sua personalidade introvertida e já ajudou bastante a criar pontes de comunicação com a equipe.

O Diretor Administrativo Benício Amoroso estava no auge do entusiasmo com sua promoção e com todas as novidades que estavam surgindo para investimento em pessoas. Não teve nenhuma dificuldade: na época da avaliação ele já tinha passado de seis meses com a equipe e desfrutava do alto índice de satisfação e parceria da equipe, de forma que tudo ocorreu acima da expectativa.

A equipe gestora atendeu a outras situações em que teve que fazer pequenas intervenções, estava bem preparada para a missão e recebeu todas as avaliações finalizadas, com plano de desenvolvimento de competências de cada colaborador.

Era um momento marcante para a Gestão de Pessoas e para a empresa. Imediatamente, começaram a gerar os relatórios de *gaps* de competências por cargo, por área, departamento, unidade, por nível hierárquico e competências gerais de liderança. Agora podiam fazer análises, identificar os maiores *gaps* de competências da empresa e produzir um plano de desenvolvimento focado nas reais necessidades da empresa, direcionados para os resultados esperados.

Esses relatórios eram indicadores de desenvolvimento da empresa e dariam origem ao Plano de Desenvolvimento de Competências, que seria oferecido pela empresa durante o próximo período.

Assim que Ferdinando tivesse todas essas informações, iria para uma reunião com o Presidente apresentar o Plano de Desenvolvimento Gerencial, o Plano de Desenvolvimento Técnico e o Plano de Desenvolvimento das Competências mais estratégicas para a empresa. Certamente, seria o momento de negociação de orçamento para que tudo isso entrasse em ação. Esses momentos eram difíceis para Rui Severo. Agora realmente toda empresa fazia parte de um programa de desenvolvimento focado nas reais competências que cada um precisava reforçar para potencializar seus resultados.

Pesquisa pós-avaliação

A equipe gestora não demorou a preparar e aplicar a pesquisa pós-avaliação em 25% de avaliadores e avaliados e identificar as maiores dificuldades que poderiam ser reduzidas antes da próxima avaliação.

Pesquisa pós-avaliação para avaliadores

	Questões
01	Conseguiu deixar o avaliado à vontade? ( ) SIM ( ) NÃO
02	Conseguiu ser facilitador para que o avaliado falasse? ( ) SIM ( ) NÃO
03	Fez perguntas para ajudar o avaliado a se expressar? ( ) SIM ( ) NÃO
04	( ) Forneceu *feedbacks* positivos? ( ) SIM ( ) NÃO
05	Forneceu *feedbacks* construtivos? ( ) SIM ( ) NÃO
06	Houve consenso no PDC? ( ) SIM ( ) NÃO
07	As reuniões foram realizadas com harmonia? ( ) SIM ( ) NÃO
	Observações:

Pesquisa pós-avaliação para avaliados

	Questões
01	Conseguiu sentir-se à vontade na reunião de avaliação? ( ) SIM ( ) NÃO
02	Teve oportunidade para expressar suas opiniões? ( ) SIM ( ) NÃO
03	Recebeu *feedback* positivo? (( ) SIM ( ) NÃO
04	Recebeu *feedback* construtivo? ( ) SIM ( ) NÃO
05	Houve consenso na construção do PDC? ( ) SIM ( ) NÃO
	Observações:

Tabulação:

A pesquisa deve ser tabulada para identificação das dificuldades de avaliadores e avaliados na participação do projeto. Após esta etapa, o Plano de Ação para suprir as necessidades identificadas deve ser planejado e realizado antes da avaliação seguinte.

Acompanhamento dos Planos de Desenvolvimento de Competências – PDC (Plano de Ação)

A equipe gestora do projeto fez uma análise nos Planos de Desenvolvimento de Competências para garantir que não havia nenhuma irregularidade, e pediu uma reunião com todos os gestores.

Nesta reunião, Ferdinando fez uma atividade lúdica de descontração e integração e continuou agradecendo a todos pela brilhante participação no projeto de Avaliação por Competências, que já podia ser considerado um sucesso; falou do prazer que teve em dar suporte para aqueles que o procuraram ou à equipe gestora, e do quanto estava orgulhoso do nível de comprometimento de todos.

Agradeceu também aos que responderam à pesquisa pós-avaliação e entregou os resultados da pesquisa juntamente com o Plano de Ação. Informou mais uma vez que aquele era o indicador de maturidade de avaliadores e avaliados no projeto de Avaliação por Competências.

Abriu o computador e mostrou os indicadores de *gaps* de competências, mostrando os percentuais de pessoas que precisavam desenvolver cada competência, e que cada um deles devia ter na sua equipe pessoas com aquela necessidade. Então abordou a importância do acompanhamento dos gestores no desenvolvimento de cada participante da sua equipe. Deixou claro que tinha metas de redução daqueles *gaps* e que isso dependia muito do estímulo dos gestores e das reuniões de acompanhamento e eficácia, onde deveriam verificar, em primeiro lugar, se as ações combinadas foram realizadas, e, em segundo lugar, se geraram desenvolvimento das competências e o que mudou na prática do dia a dia. A avaliação só teria bons resultados se este acompanhamento dos gestores fosse assumido com compromisso e contava com a participação de todos para reduzir os *gaps* de competências e potencializar resultados. Esperava, na avaliação do período seguinte, identificar os percentuais desenvolvidos e mostrar que com essas ferramentas é possível desenvolver pessoas com foco em eficácia nos resultados e mensurar este desenvolvimento.

Disseminação dos indicadores de desenvolvimento

A empresa começara a ter indicadores de desenvolvimento; a partir dali todos teriam seu histórico de desenvolvimento, sabiam qual era o perfil do seu cargo, o seu perfil e o que precisava desenvolver para complementar o perfil. Também poderiam ter acesso a cargos que pretendiam ocupar futuramente e fazer a comparação do perfil desses cargos com o seu perfil para identificar o que precisavam desenvolver para perseguir o objetivo. Estavam fazendo uma gestão de desenvolvimento, objetiva, visível e mensurável.

Análise do projeto

Ferdinando reuniu a equipe gestora para identificar como cada um se saíra durante a primeira etapa do projeto, identificar dificuldades, colher sugestões e agradecer o entusiasmo e a participação de todos no projeto.

Depois, se reuniu com o Presidente para uma avaliação, onde levou os relatórios de *gaps* de competências, os resultados da pesquisa pós-avaliação, o Plano de Ação consequente da pesquisa, o Plano de Desenvolvimento de Competências da empresa e o Plano de Desenvolvimento Gerencial para o próximo período. Ele sempre levava informações completas, já tinha orçado tudo que pretendia realizar e estava pronto para negociar orçamento com Severo.

Também levou as sugestões que prometera a Severo no dia em que falaram sobre a dificuldade para avaliar quando não conhece o avaliado.

Ferdinando começou por esta parte, não porque era mais fácil, nada seria fácil naquele dia, nem naquela negociação, mas teria que começar por alguma parte e se ele aceitasse aquelas sugestões ousadas, onde estaria se expondo completamente, o restante seria mais fácil.

Plano de Ferdinando para integração de Rui com sua equipe de gestores

A empresa crescera demais. No início, Rui tinha o controle de tudo, conhecia todos os colaboradores, mas com o crescimento, as várias unidades distribuídas pelo País, essa intimidade com cada detalhe da empresa e com os colaboradores foi se perdendo, e no momento da avaliação Rui percebeu que não conhecia nem mesmo seus diretores o suficiente para fazer uma avaliação justa, ética, honesta, com verdadeiro objetivo de contribuir para o desenvolvimento de competências e complementação do perfil com relação a necessidade dos cargos. Isso exigia de Pessoa uma estratégia rápida, porque após a avaliação fariam reuniões de acompanhamento e eficácia, e nesta ocasião Rui queria estar mais inteirado sobre cada diretoria e cada gerência do seu "império".

Com base nas dificuldades e interesses apresentados por Rui Severo, para avaliar sua equipe, Ferdinando propõe dois projetos ousados:

Primeiro projeto:
O Líder Oculto

Neste projeto, o Presidente faria uma caracterização para não ser reconhecido pelos colaboradores e estagiaria disfarçado em vários departamentos da empresa, como se fosse um novo colaborador enviado pela área de Gestão de Pessoas, participando do programa de integração de novos colaboradores, com o objetivo de conhecer as áreas, as pessoas, os processos, as dificuldades e a cultura local, a dinâmica de relacionamentos, de comunicação interna, a preocupação com o cliente final, etc.

Com este projeto, Rui não iria conhecer apenas o Diretor ou Gerente, mas também sua área de atuação, suas equipes, saber como a equipe se relacionava com o líder, etc.

Ferdinando estava empolgado com esta possibilidade, mas será que Rui aceitaria esta ousadia?

Segundo projeto:
Um Dia com o Presidente

Este projeto envolve todas as equipes da empresa. Cada equipe receberia o Presidente para ficar todo o dia mergulhado nos processos e na dinâmica local. Neste dia, o Presidente iria à equipe conhecer melhor os componentes, os procedimentos, as necessidades, expectativas, dificuldades, etc. Teria duas reuniões: uma pela manhã com metade da equipe; outra à tarde, numa sala de reuniões, onde pudessem discutir muitas coisas e onde ele poderia ouvir os seus colaboradores com privacidade.

Após cada visita, faria um relatório com necessidades identificadas e oportunidades de melhorias, que seriam encaminhadas para as fontes e, quando necessário, discutidas em reuniões gerenciais.

Nessas propostas, Rui teria oportunidade de mergulhar na empresa, conhecendo processos e pessoas; com isso, poderia realizar grandes ações de aperfeiçoamento interno. Aceitaria ele esses desafios?

Ferdinando lançou as sugestões, observando o "não verbal" do Presidente, que analisava tudo com muita seriedade e pediu que ele pensasse sem pressa, analisasse o objetivo de cada ação com relação ao que pretendia conseguir, e quando tivesse uma resposta o chamasse para conversar a respeito, o que ele vacilou, mas concordou; não gostava de adiar nenhuma decisão, era imediatista, só que estava diante de sugestões bem imprevisíveis para sua realidade.

Negociação do orçamento dos *gaps* de competências

Era muita coisa acontecendo paralelamente, e Ferdinando estava no controle de tudo isso, com ajuda da sua equipe.

Terminando de fazer as propostas desafiadoras a Rui, Ferdinando entrou numa apresentação onde mostrava todos os indicadores gerados pela Avaliação por Competências.

Preparou tabelas e gráficos dos *gaps* individuais dos colaboradores, os *gaps* de competências de cada equipe, de cada cargo, de cada área, de cada unidade, os *gaps* de competências gerenciais; e, em sequência, os planos de desenvolvimento consensado nas reuniões de avaliação. Ficava muito claro qual era a necessidade de competências para os cargos e o perfil de competências dos ocupantes dos cargos.

Juntamente com isso, Rui mostrou o Plano de Desenvolvimento de Competências da empresa, com base nos maiores *gaps* de competências da empresa e o orçamento necessário para cumprir o plano.

Resposta de Rui sobre os projetos de integração

"Ferdinando, desta vez você se superou na imaginação e criatividade", disse Rui. "Acha mesmo que posso desempenhar este papel de ator com total imparcialidade?

Este projeto me afasta da empresa, terei que ficar muitos dias fora, e não é apenas por um tempo, porque no segundo projeto, o *Um Dia com o Presidente*, não é algo temporário, se eu quiser manter um contato mais profundo com os colaboradores e continuar a conhecer a dinâmica das operações e rotinas."

Ferdinando concorda e acrescenta que é um projeto de mergulho no coração da empresa, fazendo uma agenda estratégica para se aproximar das unidades, áreas e departamentos com quem se relaciona menos, é vivenciar o coração, o cérebro e a dinâmica que se dá entre os dois.

Rui, ainda pensativo, mas se sentido atraído pelo desafio, questionou o distanciamento da Presidência, ao que Ferdinando acrescentou: "Hoje o Sr. está muito bem assessorado, com uma equipe de alta performance, capaz de assumir riscos, tomar decisões, solucionar problemas, trabalhar em conjunto pelo bem da empresa e pelos resultados, com alto grau de comprometimento, o que faz com que a empresa não esteja em risco na sua ausência. Neste contexto, o Sr. pode até tirar férias e desfrutar de uma vida pessoal com maior qualidade."

"Ah, isso significa que sou desnecessário na empresa?"

"Absolutamente", disse Ferdinando. "O Sr. é o criador, articulador, empreendedor, e a empresa chegou na proporção em que está, com o sucesso que desfruta no mercado, com a sua energia e inspiração. Mas isso gerou um problema: o Sr. já não tem o mesmo conhecimento da empresa, muita coisa foge ao seu conhecimento. No passado não tinha uma estrutura que lhe permitisse participar de um projeto tão ousado, mas agora está respaldado e poderá fazer isso com segurança."

"Ferdinando Pessoa, vocês está me saindo pior que encomenda! É uma frase feita, mas se aplica. Estive pensando nas mudanças que você já provocou nesta empresa e realmente ela não seria a mesma sem você. Tive o privilégio de encontrar alguém para fazer Gestão de Pessoas sem perder a visão da Gestão de Negócios, e todas as suas ações são estratégicas, alinhadas com necessidades da empresa e voltadas para potencializar resultados. Já estou até usando seus temos!

Alegra-me saber que foi admitido por mim, acertei no alvo!

A maioria das empresas não possuem profissionais de Gestão de Pessoas com pensamento estratégico como você, e se esses profissionais são apenas operacionais, não trazem contribuição para resultados, precisamos de cérebros pensantes, que tenham a visão do todo, e não apenas tarefeiros que não enxergam nada além da tarefa que realizam. Atrair um talento como você sem entender nada de perfil, pela intuição, confesso, mas acertei e agradeço pela sua persistência em me abrir os olhos para investir nos nossos talentos humanos.

Agradeço ter um perfil como o seu me assessorando, a empresa não seria a mesma sem você, é um verdadeiro parceiro."

Ferdinando não esperava por esta reação, nem por este *feedback*; eram palavras sinceras de agradecimento, e a demonstração de que estavam juntos, no mesmo barco, trabalhando pelos mesmos objetivos.

Depois deste *feedback*, já estava claro que ele toparia realizar o projeto, e encerraram a reunião, combinando que Ferdinando iria fazer o cronograma do projeto e entregaria nos próximos dias.

Planejamento do primeiro projeto – *O Líder Oculto*

Ferdinando fez o planejamento, os contatos com as áreas, agendou com Rui, e lá foi ele estagiar em diferentes departamentos de diferentes cidades.

Cronograma do projeto de integração de Rui nas rotinas e relacionamento com colaboradores

O quê	Quem	Onde	Por quê	Quanto tempo
Visita à unidade de Petrolina/PE	Rui, disfarçado de estagiário, em integração.	Conhecer a Unidade e suas características	Para conhecer bem as unidades mais distantes da Matriz	2 dias
Visita na área de Marketing da Matriz	Rui, disfarçado de estagiário, em integração	Marketing da Matriz	Conhecer as rotinas da equipe	1 dia

Continua na próxima página

O quê	Quem	Onde	Por quê	Quanto tempo
Visita na área de logística	Rui, disfarçado de estagiário, em integração	Matriz	Conhecer de perto a operação do setor	1 dia
Visita na Unidade de Manaus	Rui, disfarçado de estagiário, em integração	Unidade de Manaus	Estagiar em vários setores para conhecer rotinas e pessoas	2 dias
Visita na área de relacionamento com clientes	Rui, disfarçado de estagiário, em integração	Unidade de Goiás	Conhecer processos e pessoas	1 dia
Visita na área de desenvolvimento de tecnologia	Rui, disfarçado de estagiário, em integração	Matriz	Conhecer processos e pessoas	1 dia

Continua na próxima página

Algumas áreas da Matriz eram bem conhecidas por ele, tinha um relacionamento mais frequente, e seria impossível passar disfarçado; além disso, não havia necessidade, por isso o foco era nas áreas onde tinha maior distanciamento.

Rui analisou, viu que não era um programa tão extenso, e resolveu encarar o desafio. Pediu à secretária que fizesse agenda para essas viagens e que mantivesse sigilo absoluto, pois não queria que ninguém soubesse onde ele estava, senão o programa seria cancelado.

Pediu para que providenciassem bigodes, perucas, chapéus, bonés, óculos, barbas postiças, máscaras, roupas para se caracterizar com estilos bem diferentes, etc. Preparou uma bagagem bem diversificada para sentir-se seguro em suas caracterizações, afinal nunca tinha sido ator antes e dava um frio na barriga só de pensar em se passar por outra pessoa. Bem... é hora de: "câmeras, luz, ação!"

Rui em ação
Primeira visita:

Rui partiu para Petrolina, uma Unidade que tinha apenas três anos e baixo faturamento com relação às demais; não alcançava as metas de produtividade e faturamento mesmo com várias estratégias da área de Marketing.

Seu anfitrião foi Severino Rubião, era o mais antigo na Unidade, e acima dele tinha apenas o Gerente de Unidade. Severino mostrou toda a Unidade com muito orgulho, apresentando várias pessoas e fazendo comentários sobre o quanto se dedicavam, as dificuldades que já conseguiram superar, a participação de cada um para driblar as dificuldades locais. Rui gostou muito da objetividade dele, da agilidade com que atendia os clientes internos e dava encaminhamento aos problemas.

Chegou a hora do almoço e foram juntos, agora numa conversa já mais informal, e Rui elogiou o trabalho dele e fez algumas perguntas da vida pessoal de Severino. Descobriu que ele havia se recuperado de um câncer, tinha quatro filhos, morava numa cidade próxima, de onde tinha que fazer uma travessia de barco para chegar à empresa, e muitas vezes tinha que dormir na empresa, porque ficava tarde para ir embora, e em dias de tempestade o rio ficava muito cheio e a travessia muito perigosa. A família já estava acostumada com isso. Ele não reclamava de nada e agradecia a Deus por esta oportunidade de trabalho. Conseguiu este emprego após vencer o câncer, considerava-se um vencedor, e agradecia por ter sido aceito na empresa depois de ficar tanto tempo em tratamento. Como gratidão, dava a vida pelo seu emprego. Não esperava conseguir um cargo tão importante e um salário tão recompensador depois da tragédia pessoal que sofreu, estava sempre bem humorado e aberto a quem precisasse de sua ajuda. Era uma pessoa admirável.

Rui ficou meio reflexivo e lembrou-se da doença que levou seu pai e da fase difícil que toda a família viveu, ficou emocionado, pensou na sua família e do quanto gostaria de estar perto e voltar para casa à noite, para o aconchego familiar, queria chegar logo para abraçar a mulher e o filho, compartilhando sua experiência.

Após o almoço, foram aos números da Unidade onde Rui confirmou o que já sabia: a empresa não avançava, apesar de todos os investimentos. Rui perguntou por que uma unidade tão bem estruturada não dava lucro.

E Severino respondeu:

"Aqui é uma cidade diferente, as coisas não funcionam como na Matriz; aquele tipo de divulgação virtual, sensacionalista, impactante, aqui não dá certo. Esta cidade é provinciana, conservadora e valoriza a atenção e o relacionamento de confiança. Sem isso fica muito difícil fechar negócios. Eu já andei fazendo várias visitas e fechando alguns negócios, mas não é minha função e não posso largar minhas responsabilidades, seria interessante que a Matriz percebesse que temos muitas possibilidades de crescimento se agirmos de acordo com a cultura local. Rui ouvia, já pensando em várias ideias de mudança, mas só poderia falar sobre isso ao voltar e fazer um plano junto à GP e ao Marketing.

Segunda visita:

Desta vez, Rui partiu para a Unidade corporativa, na mesma cidade, onde tinha o centro de serviços compartilhados e sua meta era conhecer melhor a área de Marketing. Era sempre recebido por um anfitrião escolhido pela Gerência da área, e a expectativa era grande, afinal era uma área estratégica da empresa e queria ver as rotinas mais de perto.

Foi recebido por Alberto Barros, um homem de meia idade, muito cortês e acolhedor. Apresentou-o para toda a equipe presente no departamento, explicando a função de cada um com muita tranquilidade e equilíbrio. Depois, começou a mostrar as campanhas de maior sucesso, os objetivos de cada uma e os resultados atingidos. Falava com a propriedade de quem verdadeiramente entende do assunto. Disse também que nem sempre tiveram sucesso, houve campanha que não atingiu o objetivo, e mostrou duas ou três, inclusive uma era de Petrolina, mas diante da quantidade de campanhas com excelentes resultados, aquelas se tornavam insignificantes e uma oportunidade de aprendizado para toda equipe.

Voltaram para a sala de Alberto e continuaram a conversa sobre o histórico do departamento, pessoas influentes que já passaram por lá e não estavam mais, saíram para melhores propostas, talentos que ele lamentou muito ter perdido. Rui perguntou o motivo e uma das respostas foi que queriam um bom plano de carreira, oportunidade de desenvolvimento, apoio para especializações, coisas que na época a Best nem pensava em fazer e o mercado já praticava.

Essas informações mexiam com Rui, mas ele precisava manter o equilíbrio e continuar seu propósito. Era um absurdo ter perdido tantos talentos sem perceber o significado disto, e sem dúvida outros departamentos passaram pela mesma situação.

Olhou para a mesa e viu um livro com o nome de Alberto como autor, e admirou, perguntando se ele era mesmo o autor do livro.

Alberto respondeu: "Isso é uma longa história. Eu nunca tinha me imaginado escrevendo um livro, mas o tempo livre que tive... Bem, estive preso, fui confundido com uma pessoa de mesmo nome que não pagava a pensão dos filhos, e até provar que tinham prendido a pessoa errada já tinha se passado mais de três meses. Os dias eram intermináveis e, sem nada para fazer, resolvi escrever sobre aquilo que domino, assim me manteria pensando criativamente, em contato com conteúdos importantes, foi uma forma de me ajudar a passar o tempo focando o pensamento no que valia a pena, mesmo sem saber se encontraria um emprego após sair de lá. Quando saí, mandei imprimir o livro por conta própria, só por satisfação pessoal, não procurei editora para comercializar o livro; minha urgência era dar continuidade à minha vida, que parecia ter paralisado. Eu não sabia como seria o meu futuro."

"É uma bela história", disse Rui, "afinal, você venceu, está trabalhando no que gosta e deixou o passado para trás. Eu gostaria de ter um exemplar do seu livro e, se quiser uma opinião, deveria publicá-lo."

Alberto sorriu, agradeceu e continuou a falar dos *cases* de sucesso com muito orgulho e fornecendo todas as informações disponíveis a respeito do departamento. Rui saiu de lá muito bem impressionado com o departamento e com a história de Alberto. Sofreu uma grande injustiça e, no entanto, não se tornou uma pessoa amarga; ao contrário, era uma pessoa doce, solícita, disponível e muito agradável.

Terceira visita:

Na área de Logística, Rui teve como anfitriã uma mulher, Amanda Torres, ágil, entusiasmada, dedicada, com total controle de tudo que havia no departamento, tudo que entrava, saía, máquinas e equipamentos, número de funcionários em cada função. Era impressionante a agilidade com que tomava decisões, encontrava soluções e resolvia tudo com muita leveza e naturalidade, contribuindo para um clima muito agradável no departamento. Tinha um sorriso e uma palavra de ânimo para todas as pessoas com quem cruzava, agia de forma admirável. Era produtiva, mas não deixava as pessoas em segundo plano.

Andou por todo o departamento, que era muito grande, mostrando cada setor e apresentando as pessoas responsáveis, informando suas funções e responsabilidades. Era interrompida por telefones, por colaboradores, equipe, clientes internos, pois ajudava a administrar um departamento muito grande, dinâmico e crucial para a empresa. Tinha um dinamismo invejável e dava conta de tudo com maestria. Parecia uma pessoa muito feliz, pois estava sempre de bem com a vida. As constantes interrupções não a incomodavam, pois tinha consciência que estava lá para isso.

Ao final do período da manhã, ela o levou no restaurante da empresa para o almoço e mostrou como funcionava, quando seu telefone tocou e ela pediu licença para atender, afastou-se, demorou alguns minutos e retornou pedindo desculpas. Rui perguntou se sempre era interrompida nos seus intervalos e ela respondeu que sim, mas pelos filhos, que sempre ligavam na sua hora de almoço e depois à noite, para conversarem e matar saudades.

Perguntou por que não morava com os filhos, e ela respondeu que morava em outra cidade próxima, e só ia para casa aos finais de semana, não compensava ir para casa todos os dias, porque chegava com os filhos dormindo e quando saía para o trabalho eles ainda estavam dormindo; além do mais, ficava caro e cansativo. Como tinha uma prima próxima à empresa, passava a semana lá e ia para casa na sexta-feira à noite. Nos finais de semana, fazia tudo para compensar a ausência da semana. A filha mais velha, com 16 anos, cuidava dos menores, com 12 e 10 anos. Desde que ficara viúva, precisou procurar um emprego com melhor salário e só encontrou longe de casa. Neste momento, Amanda se emocionou e soltou algumas lágrimas. Como trabalhar era fundamental para o sustento dos filhos, não hesitou em aceitar e fazer as mudanças na família. No início, pedia para uma vizinha dar uma olhada nos filhos, mas eles compreenderam e se adaptaram rapidamente, precisavam se unir para superar a tragédia que acabaram de viver.

Terminando o horário de almoço, Rui agradeceu a Amanda por ter dividido com ele problemas pessoais tão dolorosos e voltaram para o departamento, onde mergulharam nos detalhes e nas curiosidades de Rui, que se fazia passar por um estagiário curioso, com fome de conhecimento. Saiu de lá muito satisfeito com o que viu e impressionado com a história e capacidade de Amanda. Pensava nas pessoas que conheceu e nos problemas que cada um enfrentava. Lembrava também da quantidade de adversidades que já superou e ficou pensando como poderia ajudar aquelas pessoas.

Quarta visita:

Rui partiu para mais uma aventura, desta vez em Manaus, numa grande Unidade da empresa, mais ou menos do mesmo porte que a Matriz. Foi recebido por Juventino do Socorro, um braço direito do Gerente da Unidade.

Juventino o recebeu com simpatia, mas já foi avisando que em alguns momentos o deixaria sozinho, pois a correria lá era grande e tinha muitos problemas para resolver todos os dias, passava quase o dia todo "apagando incêndio". Rui estava disfarçado de Manoel Jorge, mas já pôde perceber a falta de organização e planejamento. Juventino encheu Manoel Jorge de perguntas sobre suas experiências, vida pessoal, etc. Foi um contato bem diferente dos anteriores. Rui percebeu Juventino meio perdido, por várias vezes, sem saber que decisão tomar e demorando em resolver coisas simples, sem ter com quem contar nas horas difíceis. Ficou pensando como o Gerente poderia estar com alguém com perfil tão limitado, então lembrou também do perfil difícil do Gerente e da dificuldade de mão de obra atual. O Gerente não teve muita opção e foi promovendo os mais antigos para os cargos de maior confiança. Era a unidade mais carente e problemática da empresa. Rui podia perceber o esforço de todos, mas estavam em cargos para os quais não tinham perfil e agora Rui já entendia o que é perfil e como desenhar o perfil de um cargo. Ficou pensativo, em busca de soluções, e tinha ali uma boa questão para discutir com Ferdinando. No decorrer do dia, entre uma conversa e outra, descobriu que Juventino tinha quatro filhos que viviam com ele, a esposa o abandonou quando o filho menor tinha dois anos e o mais velho dez. Ele permaneceu sozinho, procurou ajuda da família, mas não se afastou de nenhum filho, era para ele uma questão de honra, pois já foram abandonados pela mãe; pelo pai não correriam este risco. Rui o acompanhou na rotina complicada do seu dia, agradeceu a atenção e foi embora. Ia ficar por dois dias, mas abreviou seu retorno.

A cada pessoa que conhecia e via os problemas de família, refletia sobre os seus. Mãe de final de semana, pai que criava quatro filhos, preocupação em fazer os filhos felizes... e Rui deixou que o filho crescesse com tão pouca atenção, com tanta carência. Agora entendia que o conforto proporcionado não substituía nada disso. Perdera momentos fundamentais da infância do filho. Agora estava lúcido e fazendo o possível para resgatar o relacionamento perdido.

Queria voltar logo para casa e compartilhar essa experiência com a esposa e o filho, sentia falta deles, queria abraçá-los e dizer o quanto eram importantes para ele.

Quinta visita:

Rui partiu para mais um desafio na área de Tecnologia da Informação. Desta vez, precisava caprichar na caracterização, pois era conhecido por muitos e poderia cruzar com Linda, a Gerente, a qualquer momento. Sua anfitriã foi Helena Ferreira, uma coordenadora com bastante tempo de empresa e muita experiência na função. Houve grande empatia entre eles, e ela orgulhosamente mostrava o departamento, as equipes, os produtos, falava dos clientes com orgulho, pois tratava-se de grandes empresas. Citou vários desafios de produtos e soluções para clientes que pareciam impossíveis e o quanto a confiança do cliente foi fortalecida em função disso.

Num determinado momento, Rui comentou que só estava vendo coisas positivas, era sempre assim?

Helena respondeu que nem sempre foi tudo tão bem. Durante um bom tempo a Gerente era muito ausente, não percebia a necessidade da equipe e todos tinham que se arranjar sozinhos, não dava resposta, não fornecia *feedbacks* e muitas vezes era descortês. Mas desde que a empresa começou a investir no desenvolvimento das lideranças, ela foi se modificando e hoje até parece outra pessoa, se aproximou mais da equipe, procura ouvir e ajudar, ficou até mais alegre, porque antes nunca sorria.

Rui percebeu claramente aí o resultado do investimento em pessoas. Além de potencializar resultados, estava fazendo muitas pessoas mais felizes; isso não teria importância para ele no passado, mas agora tem, porque ele também estava sob as consequências do projeto de desenvolvimento. Mais um gol de Ferdinando na Best Consulting.

Outras Unidades foram visitadas, com histórias semelhantes, e para cada uma Rui tomou as decisões pertinentes e fez muitas reflexões. Ele conheceu pessoas fantásticas que faziam a diferença em sua empresa. Não podia permitir que essas pessoas ficassem invisíveis e pediu a Ferdinando para lançar um projeto sobre *Pessoas que fazem a diferença*, para que essas pessoas tivessem reconhecimento pela sua dedicação na empresa. Jamais as teria conhecido se não fosse o projeto ousado de Ferdinando Pessoa.

Essas experiências inspiraram Rui a fazer um belo relatório para levar na reunião com os gestores de sua equipe, propondo várias mudanças e informando o que viu, decidiu e o que precisava que eles providenciassem para a melhoria da empresa. Estava ansioso para contar sobre as lições de vida que aprendeu com as preciosas pessoas que teve oportunidade de conhecer, precisava compartilhar aquilo tudo com sua equipe.

Relatório de Rui:

Petrolina, Unidade sem lucro: **Severino Rubião**.	Necessidade de um profissional de Marketing para realizar um trabalho regional, considerando as características locais, em conjunto com Severino Rubião, que tinha uma visão bem realista sobre a Unidade e suas peculiaridades.
Marketing da Matriz: **Alberto Barros**	Identificou perda de grandes talentos, devido a plano de cargos e salários, carreira e benefícios. Solicitou revisão de tudo isso e inclusão de especializações, participação em congressos internacionais, para cargos estratégicos; pediu para que o Serviço Social conseguisse uma editora para o livro de Alberto Barros.

Continua na próxima página

Logística da Matriz: **Amanda Torres**	Pediu ao Serviço Social para fazer locação de imóvel para a família, próximo à Unidade; fornecer também um prêmio de R$ 5.000,00 para providência de mudança.
Unidade de Manaus: **Juventino Socorro**	Providenciar um estágio na Matriz, de 30 dias e com hospedagem para os quatro filhos; providenciar escola integral para os filhos por conta da empresa e uma bolsa de graduação para Juventino.
Tecnologia da Matriz: **Helena Ferreira**	Falou da mudança de sua gerente com os projetos de desenvolvimento, demonstrando muito entusiasmo e capacidade de realização; foi convidada a fazer um curso de multiplicadora e ministrar treinamentos da sua área; ofereceu R$ 3.000,00 de prêmio pela diferença que faz na sua equipe; Rui pediu a Ferdinando um projeto sobre *Pessoas que fazem a diferença*.

Retornando, Rui fez uma reunião com os gerentes para compartilhar sua experiência, falou do que viu, sentiu e aprendeu, e das sugestões que tinha para cada situação. Pediu sugestões aos gestores e marcou a data da convenção, onde receberia cada um dos anfitriões em sua sala para uma conversa particular e depois faria uma apresentação para toda a empresa.

Além de todas essas providências, queria que Ferdinando fizesse um projeto em médio prazo para:

- Implantar creche nas Unidades maiores;
- Auxílio-escola para Unidades menores, tanto para colaboradores quanto para os filhos;
- Implantação de uma academia nas Unidades maiores;
- Ginástica laboral nas Unidades menores.

Era necessário fazer um plano, levantar valores para analisar junto ao Financeiro, para ver em quanto tempo conseguiriam fazer tudo isso.

Os Programas de Desenvolvimento deveriam ter continuidade. Os gestores que apresentaram mais problemas deveriam ter um trabalho de *Coach*, começando pelo de Manaus. Estava disposto a investir e se tornar uma empresa modelo, capaz de ser premiada pela excelência em gestão.

Era inacreditável ouvir isso de Rui; "quem te viu e quem te vê"!

Ferdinando se entusiasmava vendo toda esta revolução cultural na empresa, e já sonhava com uma Universidade Corporativa e projetos de qualidade de vida. Afinal, o ser humano é insaciável e quer sempre ir além; se não fosse assim, Ferdinando não teria dado o passo inicial.

Em cada visita, Rui levava uma microcâmera, com a qual filmava e gravava suas experiências. Mandou fazer uma edição com os melhores momentos, para exibir na convenção. Isso foi surpresa para todos.

Reunião com anfitriões:

Rui chamou Severino Rubião para uma reunião no dia da convenção da empresa, mostrou sua verdadeira identidade, o que o deixou espantado. "Que incrível!", dizia ele. Havia convivido com o patrão sem saber, que privilégio, será que falou alguma bobagem?

Rui agradeceu a fidelidade e dedicação com a empresa, já que se dedicava tanto a ponto de se ausentar da família. Ofereceu, como prêmio, uma viagem de uma semana com a família para qualquer local que escolhessem, para que pudessem viver momentos felizes juntos.

Falou da importância de tudo que haviam conversado, pois somente assim poderia oferecer ajuda correta. A Unidade em breve teria um profissional da área de Marketing de relacionamento para desenvolver junto com ele um projeto compatível com a realidade local, visitando clientes, recebendo, fazendo campanhas e eventos na cidade e conquistando confiança suficiente para aumentar os resultados, como funciona na região. Enfatizou que isso só foi possível devido às sugestões apontadas por Severino.

Pediu a Severino que ele participasse das estratégias do Marketing de relacionamento junto ao novo profissional, e ele teria um percentual sobre cada novo cliente. Severino não sabia como reagir. Nunca imaginou, depois de tudo que passou, que ainda poderia ter uma vida profissional digna, íntegra, de sucesso, contando com a confiança do Presidente de uma empresa como a Best Consulting e tendo uma experiência pessoal com ele. Agradeceu ao Presidente e a Deus por esta experiência única em sua vida.

Agora era a vez de chamar Alberto para a reunião em sua sala. Apresentou-se como o Presidente Rui Severo, com uma aparência totalmente diferente, a verdadeira, e Alberto falou:

"Você conseguiu me enganar, hein?"

"Foi por uma boa causa e garanto que valeu a pena", disse Rui, e fez muitos elogios a Alberto. Informou os projetos que colocaria em prática na empresa pelas informações que obteve com ele, e também que tinha uma editora interessada em seu livro, caso ele quisesse divulgar.

Alberto ficou muito satisfeito e abraçou Rui agradecendo a oferta.

Rui informou a Alberto que ficou matutando sobre as várias mudanças que deveria fazer para garantir a retenção dos talentos humanos, já perdera muitos e não estava disposto a perder mais; agora que sabia que quem faz a diferença são as pessoas, precisava agir rapidamente para não entregar seus talentos para a concorrência. Agradeceu a Alberto por abrir seus olhos com relação à perda dos talentos humanos.

Em primeiro lugar, iria solicitar à área de Gestão de Pessoas uma revisão no plano de cargos e salários, plano de carreira e benefícios da empresa. Esses benefícios deveriam incluir especializações para colaboradores estratégicos.

Rui sentiu a importância de criar estratégias para reter seus talentos.

Os programas de desenvolvimento que estavam acontecendo já eram também um diferencial; junto a outros programas, deixaria a empresa mais forte com relação à concorrência. Conseguiu uma grande editora internacional para divulgação do livro de Alberto, o que o deixou emocionado.

Na reunião com Amanda, Rui revelou sua verdadeira identidade e ela ficou pasma, pois o conhecia de alguns eventos, mas não percebeu nada.

"Enganou-me direitinho", disse ela. "Não acredito que estou diante do Presidente, vivi para ver isto acontecer, me belisque!"

Rui fez um relatório de elogios para o trabalho dela, pela forma como se relaciona e dá suporte à equipe, pela agilidade com que administra todos os problemas do dia a dia. Ficou realmente impressionado com a história dela e com a energia que compartilha no trabalho. Agradeceu e expressou sua admiração pela pessoa e pela profissional que tivera o privilégio de conhecer.

Amanda já estava com os olhos cheios de lágrimas, quando Rui acrescentou:

"Você é um talento precioso para nossa empresa e não podemos deixar que se desgaste tanto longe da família. O Serviço Social já está alugando uma casa ou apartamento próximo da empresa, para que seus filhos venham viver com você; além disso, a empresa vai disponibilizar R$ 5.000,00 (cinco mil reais) para as despesas de mudança e adaptações que necessite fazer na casa, para que você não tenha nenhuma despesa com isso.

Neste momento, ela chorou de verdade, não podia acreditar que aquilo estava acontecendo, levantou-se e pediu para abraçá-lo com palavras de gratidão.

Na reunião com Juventino, Rui, depois de se apresentar, causando um choque, o parabenizou pelo pai dedicado que é para os quatro filhos, afinal ele só tinha um e não conseguiu se dedicar, não se esforçou para isso, tendo a possibilidade.

Agradeceu pelo seu nível de comprometimento e ofereceu uma bolsa de estudos para que ele complemente sua graduação. Também o convocou para fazer um mês de estágio na Matriz, poderia ser nas férias escolares dos filhos, para que os levasse; ficariam num hotel com boa infraestrutura, para que os filhos se divertissem, enquanto ele trabalhava, tudo por conta da empresa. Queria que nesses períodos fizesse um relatório de tudo que poderia ser aplicado em sua Unidade e também que desse sugestões de melhoria.

Perguntou se ele gostaria de ter os filhos numa escola de período integral para que pudesse trabalhar com maior tranquilidade e dedicar algum tempo a estudar, e ele começara a chorar. Nunca imaginou que seria enxergado por alguém na empresa e estava recebendo este crédito do Presidente. Seu Gerente nunca dera um *feedback*. Ele aceitava com muito agradecimento. Tirou uma foto dos quatro filhos e mostrou, agradecendo por cada um deles. Ele levantou e foi ao encontro do Presidente de braços abertos, em sinal de alegria e gratidão, encerrando com um forte e demorado abraço.

Rui entendeu o quanto aquela Unidade precisava de investimento e começou pelo braço direito do Gerente; sua próxima investida seria no Gerente, e faria dali por diante um acompanhamento mais próximo daquela Unidade, que tinha tanto potencial e tanta dificuldade operacional.

Desta vez, Rui se planejou para fornecer *feedbacks* posititivos para Linda e para Ferdinando, autor de toda esta mudança, já visível pelos colaboradores. Solicitou que Helena participasse do planejamento de todos os treinamentos da sua área e que fizesse um curso de multiplicadora, para colaborar com a empresa nos treinamentos. Ofereceu um prêmio de R$ 3.000,00 como agradecimento pela sua dedicação e entusiasmo.

Convenção

No auditório, estavam todos os colaboradores aguardando pelas novidades e pela apresentação do Presidente. Bem na frente, estava o grupo que se reunira com ele minutos antes, ansiosos e emocionados.

Tiveram algumas informações da área de Gestão de Pessoas, receberam relatórios de indicadores de crescimento e desenvolvimento de pessoas, agradecimento pela brilhante participação nos projetos e a informação de que no salão ao lado um belo *buffet* estava montado, aguardando por eles.

Após esta primeira parte, entrou o mestre de cerimônia e chamou o Presidente para sua apresentação.

Ele entrou com aplausos, agradeceu a todos e começou a contar que nos últimos dias tinha vivido uma experiência que mudou sua vida. Viajou disfarçado de um novo funcionário em integração pela empresa e conheceu pessoas e profissionais incríveis, compartilhou problemas pessoais e profissionais, e viu pessoas que, apesar de muitos problemas, eram brilhantes em sua profissão. Aprendeu a dar mais valor à família e vida pessoal. Certamente, a partir dali, sua vida seria diferente. Compartilhou com a família tudo que viveu.

Filmou algumas coisas que gostaria de compartilhar com todos e colocou a edição que fez do que conseguiu filmar em suas experiências, incluindo seus erros, "micos" e falta de habilidade com algumas tarefas. Tinha coisa muito engraçada, que tirou muitas gargalhadas de todos. Fez agradecimentos especiais a cada anfitrião, chamou-os para abraçá-los na frente de todos, falou das características positivas de cada um e que tinha certeza que eram representantes da maioria dos presentes. Cada um com sua história pessoal, suas dificuldades e suas fantásticas qualidades.

Falou das mudanças consequentes desta experiência e que dali para frente queria viver para fazer daquela empresa a mais produtiva e mais humana do mercado, queria viver para fazer pessoas felizes e aprender com elas todos os dias. Falou que contava muito com o compromisso de todos e todas as suas ações dali para frente seriam pensando no impacto para as pessoas que faziam tanta diferença na vida dele.

Desejou sucesso e felicidades a todos e se despediu.

O *buffet:*

Saindo dali, foram todos para a festa, comemorar e "bebemorar", pois estavam numa empresa lucrativa que oferecia oportunidade de crescimento a todos que fossem empreendedores. Os comentários foram muitos, admiração, comparação entre passado e presente; foi um grande impacto na cultura da empresa. Aqueles que ainda estavam resistentes, achando que tudo voltaria a ser como antes, acordaram neste evento e começaram a se preocupar com seu perfil para serem capazes de acompanhar tudo que viria por aí de mudanças.

Agora, Rui já estava se planejando para o segundo projeto – *Um Dia com o Presidente*. Este projeto era por tempo indeterminado, porque o objetivo principal era se aproximar de todas as lideranças, principalmente daqueles que eram avaliados por ele; queria ser justo, imparcial e dar a melhor contribuição para o projeto. Gerir pessoas era agora uma prioridade em sua gestão. Pediu a Ferdinando uma reunião para acertarem um cronograma de visitas a Unidades e assim mergulhar nas rotinas da empresa. Sabia que também nesta experiência teria muitas surpresas e algumas decepções, que sempre acontecem, estava certo de que identificaria muitas melhorias que poderiam enriquecer sua gestão e isso o entusiasmava cada dia mais.

O projeto *O Líder Oculto* foi uma grande sensibilização para o segundo, *Um Dia com o Presidente*. Com a repercussão do evento, as pessoas ficaram mais abertas e flexíveis para falar das suas necessidades, para compartilhar seus problemas com os seus gestores, e esses, mais animados para fazer Gestão de Pessoas.

Os líderes entenderam o caminho que a empresa estava tomando e que o Presidente não participaria de um projeto como este sem nenhum objetivo, ele não tinha tempo a perder, e se empregava seu precioso tempo nesses projetos, era porque estava realmente levando a sério a Gestão de Desenvolvimento de Pessoas.

Mais uma vez, Ferdinando fez uma relação das Unidades e departamentos das grandes Unidades para que o Presidente fizesse sua agenda de visita, uma verdadeira peregrinação. Fez um *checklist* de coisas a serem observadas, para que ele analisasse e complementasse com seu olhar crítico. Rui deixou passar algum tempo, para colocar suas atribuições em ordem e passar o burburinho da convenção, e começou o projeto meses depois.

É desnecessário relacionar a quantidade de descobertas, necessidades de mudanças que encontrou em cada viagem. Também, muitas surpresas com pessoas fantásticas, pessoas que fazem a diferença, algumas decepções, afinal nem tudo são flores, mas eram insignificantes diante das coisas boas e experiências positivas que encontrou.

Rui achou que este seria realmente um belo nome para um projeto de valorização e reconhecimento de pessoas e acrescentou no seu relatório: Projeto – *Pessoas que fazem a diferença*, com premiação.

Muitos outros projetos nasceram em consequência deste corpo a corpo com os colaboradores da empresa, como:

- Planejamento Estratégico;
- Participação nos lucros;
- Código de Ética;
- Projetos de Qualidade de Vida, voltados para tabagismo, alcoolismo;
- Projetos voltados para meio ambiente e sustentabilidade;
- Programa de acessibilidade;
- Dependência química e obesidade;
- Um centro esportivo, estendido a familiares;
- Grupo de teatro;
- Times de futebol, basquete, vôlei, xadrez, tênis;
- Grupos de corrida e caminhada;
- Coral;
- *Dia da Família*;
- *Informal Day*, nas sextas-feiras, quando as pessoas podiam trabalhar com roupas esportivas ou informais.
- Festivais de música, só com a participação de funcionários, com boa premiação;
- Festas de confraternização, aniversário da empresa, festa junina;

- E outros projetos mais, que ajudassem na retenção de talentos, produtividade e resultados com pessoas felizes.

A cada reunião gerencial, fazia um resumo de suas visitas, das descobertas e do aprendizado. E as mudanças não paravam de acontecer. A tal altura, as pessoas já estavam se acostumando com a velocidade das mudanças e com a intenção das mesmas, por isso não resistiam; ao contrário, ajudavam, conforme possível.

A cultura da empresa já estava completamente diferente. As pessoas tinham orgulho de dizer que trabalhavam na Best Consulting, uma empresa que estava crescendo mais de 20% ao ano, numa economia em que o crescimento era próximo a 2%. Havia muita oportunidade de crescer na empresa, e todas as ações inspiravam as pessoas a ser mais empreendedoras consigo mesmas, com sua carreira e vida em geral.

A área de Gestão de Pessoas também cresceu em todos os sentidos, pois a cada dia surgiam mais projetos para a busca da excelência, e Rui ficava cada vez mais entusiasmado com tudo isso. Essas mudanças arrancaram o melhor dele para desfrutar da vida pessoal e profissional.

Meses se passaram e a empresa já está com seu plano de cargos e salários, plano de carreira, plano de benefícios atualizado. Creches estão sendo construídas, um percentual de colaboradores participando de especializações, parecia um sonho! Então Ferdinando deu sugestão de se inscreverem para participar do prêmio das *Melhores Empresas para se Trabalhar no Brasil*. Com tantas mudanças positivas, tanto investimento em Gestão de Pessoas, não seria difícil conseguir uma boa classificação, no mínimo ficar entre as cinquenta melhores, e esta era a meta.

Best no Prêmio das Melhores Empresas para se Trabalhar no Brasil

Fizeram uma grande campanha com todos os colaboradores, torcidas, camisetas, reforçaram palestras, treinamentos, pois os colaboradores iriam responder à pesquisa da empresa responsável pelo concurso. Pesquisaram as empresas que ganharam os primeiros lugares para ver o que elas tinham de diferente para garantir a classificação. Investiram pesado em pessoas. Isso não foi feito apenas para efeito de Marketing, e após o prêmio tudo voltasse a ser como antes. A intenção era verdadeira, e iriam participar porque muitas milhas já tinham sido avançadas na área de Gestão e Desenvolvimento de Pessoas. Hoje a Best já era reconhecida no mercado pela sua excelência em Gestão. Seu Presidente e Gerente de RH recebiam convites para fazerem apresentações de *cases* específicos, como Gestão por Competências, Gestão de Carreiras, Qualidade de Vida, etc.

Rui era do tipo que, quando se empolgava com alguma coisa, ia fundo, não fazia nada superficialmente. Comprou a ideia de Ferdinando e tornou-se o maior e melhor aliado em Gestão e Desenvolvimento de Pessoas, afinal eram pessoas que faziam a diferença na vida de muita gente.

Não é necessário falar que conseguiram e ficaram no 25º lugar, fizeram uma grande festa para comemorar, canecas, camisetas com *slogan* e logo do prêmio, e já tinham uma meta para ficar nos primeiros dez lugares no ano seguinte. O entusiasmo tomou conta de todos e a integração que acontecia na empresa era impressionante, o fato de as pessoas se reunirem para as festas e comemorações unia ainda mais a todos e a empresa verdadeiramente era uma Unidade. Já não havia mais diferenças significativas entre uma Unidade e outra, todas falavam a mesma língua em termos de procedimentos, motivação e resultados.

A partir daí, se inscreveram em prêmios nacionais e internacionais de Qualidade de Vida, e foram acumulando prêmios.

No ano seguinte, tornaram-se a primeira empresa para se trabalhar no Brasil, e a comemoração foi inesquecível. Isso colocou a empresa em destaque no mercado e todos os Congressos de Recursos Humanos e Gestão de Pessoas queriam a presença deles para contar como foi a virada cultural da empresa, associada a resultados tão fantásticos.

Rui, em todos os Congressos que se apresentava, estava acompanhado da família e de Ferdinando, e a este creditava grande parte do sucesso. Oferecia à família todos os prêmios, pois sabia o quanto ela foi sacrificada para chegarem até ali.

A mulher de Rui começou a participar de alguns programas de Qualidade de Vida e se integrou bastante na empresa, portanto agora toda família "respirava" Best Consulting, com uma qualidade de convivência e relacionamento cultivada e bem cuidada, o que refletia na interação com as demais pessoas.

Enquanto tudo isso acontecia, Rui primava pela vida familiar e via o desenvolvimento do filho na empresa. Ele se tornara um grande parceiro de Ferdinando e estava engajado em todos nos projetos da empresa. O filho, bem encaminhado e engajado na empresa, era seu maior prêmio, afinal era seu único herdeiro.

Rui se sentia premiado cada vez que via o sorriso da mulher, o carinho que tinha com ele, a atenção do filho. Sentia-se amado, querido. Como pôde ter perdido isso por tanto tempo?

Universidade Corporativa

No desenrolar desses acontecimentos, Ferdinando propôs a Rui abrir a Universidade Corporativa e, antes disso, enviar Ferdinando para estagiar em no mínimo três empresas que já tivessem este projeto maduro, para que ele voltasse com experiência e visão para montar o projeto e ficar responsável pela implantação. Ele amadureceu muito e merecia participar de um desafio como este, tinha um bom perfil de Gestão de Pessoas; certamente esta área seria instigante para Gustavo. Ferdinando naturalmente o acompanharia de perto, dando todo suporte em todas as necessidades, mas já era hora de começar a caminhar sozinho e criar sua própria história dentro da organização.

Rui concordou, Ferdinando fez a pesquisa, os contatos, e providenciou tudo para a viagem de Gustavo Severo.

Gustavo foi para uma empresa de telefonia celular; três meses depois para uma grande empresa de venda virtual; e, finalmente, para uma empresa de comércio exterior. Conheceu diferentes culturas, formas de administração, e trouxe algumas sugestões, mas em nenhuma empresa encontrou uma cultura de Gestão de Pessoas tão completa e arrojada quanto na Best. Orgulhava-se disso e não via a hora de voltar para colocar seus planos em ação. Fazia relatórios, anotações, lembretes; anotava detalhes que considerava importantes e ia se preparando em conhecimento, técnica e desejo de pôr tudo em prática, o mais rapidamente possível.

Retornou com o projeto totalmente planejado, com cronograma de todas as etapas em detalhes, a quantidade de pessoas de que precisava, o cargo e o perfil dessas pessoas, e a primeira coisa que pediu a Ferdinando foi que a seleção fosse feita internamente; só se não conseguisse ninguém abriria para o mercado externo. Queria trabalhar com pessoas que já estivessem engajadas na cultura da empresa e sabia que tinha que preparar sua equipe, sendo ela da empresa já teria algumas vantagens de tempo, qualidade e resultados.

Como a empresa crescia muito, uma Unidade teve que mudar para outra planta, pois aquela não atendia mais em termos de espaço físico. Após a mudança, esta Unidade foi destinada para a Universidade Corporativa. Gustavo teve que chamar engenheiros e arquitetos para fazer todas as adaptações, de acordo com exigências do MEC e outros órgãos fiscalizadores da área de educação corporativa.

A intenção era prover a Best de cultura organizacional e também oferecer produtos para o mercado, para que a Unidade se pagasse e não dependesse financeiramente da Best Consulting. Era uma ideia arrojada, porém difícil, mas com a repercussão da Best no mercado não seria difícil, porque se tornara praticamente um modelo no seu segmento e seus gestores não queriam perder este privilégio. Rui não cabia em si de orgulho pela desenvoltura do filho: sempre que falava nele, sorria e suspirava de felicidade. Era muito grato à mulher por ter conseguido segurar as pontas durante a fase em que esteve ausente, sabia que quem mais perdeu foi ele mesmo, mas em tempo de recuperar e curtir a transformação de jovem adolescente em homem de negócios, cheio de sonhos e com espírito realizador.

A Best Consulting funcionava como uma grande orquestra, onde cada músico tinha total domínio dos seus instrumentos e maestros muito bem preparados para conduzir a afinação, sintonia e harmonia da orquestra. Os projetos foram desenvolvidos em continuidade, nada foi largado pela metade, o que gerava credibilidade cada vez maior em toda a população da empresa.

Os gestores já estavam se oferecendo para trabalhar na Universidade Corporativa, alguns apenas em área técnica e outros também na comportamental, pela identificação que tiveram com os projetos e preparação oferecida pela empresa; já eram multiplicadores para suas equipes e clientes internos, queriam estender esta experiência à Universidade. Certamente poderiam ser aproveitados em muitas situações. Gustavo já estava com uma grade de cursos técnicos, comportamentais, palestras, *workshops*, seminários, especializações e capacitações; e o nome da Universidade já estava definido: Unibest.

A equipe de Marketing começara a produzir a campanha de inauguração da Unibest, que prometia sacudir o mercado organizacional.

O Leitor

Agora o leitor já está em condições de fazer uma análise do perfil de Rui. As questões abaixo foram levantadas no início do livro; faça uma análise para ver se as respostas a elas sofreram alguma alteração.

No início do livro havia muitos questionamentos a respeito do perfil de Rui. Ele causava muitas dificuldades a todos os seus colaboradores e tinha uma família ausente, carente, desprovida de atenção e amor. Será que, analisando as mesmas questões do início, vamos encontrar mudanças significativas no perfil de Rui? Analise a seu gosto e comente consigo mesmo ou com quem estiver compartilhando a leitura.

- Rui tem uma vida pessoal com qualidade?
- Proporciona qualidade de vida para sua família?
- Mantém um bom relacionamento familiar?
- Ouve as queixas e insatisfações do filho e da esposa?
- Valoriza as relações familiares?
- Preocupa-se com a felicidade da família?
- Consegue equilibrar vida pessoal e profissional?
- Prioriza a felicidade e harmonia familiar?
- Há um bom planejamento para o crescimento da empresa?
- O plano é compartilhado com a equipe estratégica?
- Rui ouve opiniões antes de tomar suas decisões?

- Ele compartilha com a equipe sua missão, visão, valores, estratégias?
- Rui trabalha em equipe?
- Este gestor consegue enxergar o que a equipe faz?
- Existe alguém visível na equipe, além dele mesmo?
- Valoriza as boas práticas da equipe?
- Como será a interação entre ele e sua equipe?

Será que, após analisar, podemos falar: "Quem te viu e quem te vê, Rui Severo!"

Que competências Rui Severo desenvolveu para mudança do seu perfil? Responda e reflita se todas as pessoas podem mudar o seu perfil.

Claro que sim, basta querer e ter orientação técnica para chegar onde quiser.

A Unibest está quase pronta para inauguração, e muitas celebridades serão convidadas para esta ocasião.

A empresa se prepara como se fosse a abertura de uma Olimpíada; quer mostrar grande parte dos seus talentos em ação.

O coral, grupo de teatro, vencedores dos concursos de música, grupo de dança, de ciclistas, os times esportivos: todos estão se preparando. Ensaiam exaustivamente para mostrar os "talentos em ação". A sinergia entre as equipes é contagiante.

Ferdinando prepara apresentações sobre os projetos implantados e o impacto destes no crescimento da empresa. Mostra números e indicadores invejáveis. A empresa tem um investimento significativo em pessoas, é uma ousadia, mas os resultados justificam-se, e por isso Rui foi absorvido no universo da Gestão e Desenvolvimento de Pessoas.

Ferdinando e sua equipe preparam também uma apresentação de todos os prêmios que já conquistaram. Seria um dia inteiro de atividades, apresentações e, finalmente, fariam a inauguração da Unibest e seus projetos, para depois cortar a fita oficializando a inauguração. A fita foi cortada por Gustavo Severo, que, emocionado, falou algumas palavras sobre o projeto e recebeu muitos aplausos do público e elogios do seu Presidente.

O impacto deste evento teve repercussão na mídia, no meio empresarial, de forma que as vendas aumentaram ainda mais, a empresa estava no limite da sua capacidade produtiva e se preparando para abrir novas Unidades.

A Unibest em doze meses já havia pago todo o investimento que teve e começava a dar lucro; era uma nova unidade de negócio, rentável e muito bem administrada. Tinha muitos cursos de tecnologia, raros no mercado, alguns ainda não tinham no País, e passou a ser uma referência e escola de tecnologia. Os cursos comportamentais, de Gestão de Pessoas, continuavam a todo vapor, e a Best Consulting agora tinha maior quantidade de treinamentos, capacitações e especializações. Muitos colaboradores de excelentes especialidades ministravam cursos na Unibest. Eram muitos sonhos transformados em realidade.

A partir daí, a Best foi conquistando e colecionado prêmios:

- Premio Padrão de Qualidade em TI
- Premio TI Nacional
- Prêmio Padrão em Excelência
- Prêmio de Excelência em Gestão de Pessoas

- Prêmio Destaque em Gestão por Competências
- Prêmio Padrão em Marca de Confiança
- Top Qualidade de Vida
- Top RH

Muitos outros prêmios foram conquistados, eram muito assediados pela imprensa, davam muitas entrevistas, mandavam muitos artigos para jornais, revistas físicas e virtuais. Essa exposição toda não teria nenhuma importância se não tivessem a segurança de trabalhar no sentido de proporcionar bem-estar para as pessoas. Ferdinando falava muito que as pessoas precisavam ser felizes no seu local de trabalho, deviam ter motivação para se levantar de manhã e se arrumar para o trabalho. Para isso, a empresa precisava ter atrativos, harmonia, ambiente positivo e motivador, que graças a tanto trabalho a Best conseguiu.

Qual o próximo capítulo desta história?

Fica a critério do leitor a continuação desta história, escreva o seu capítulo final.

Glossário

Feedback: fornecer retorno aos colaboradores, elogiando as boas práticas e fazendo correção das práticas inadequadas, com técnica e objetivo de contribuir com aperfeiçoamento do colaborador.

GP: Gestão de Pessoas.

Gap: lacuna, intervalo.

Plano de Ação: roteiro de ações específicas para desenvolvimento das competências com *gap*.

Referências Bibliográficas

"Ferramentas de Avaliação de Performance com Foco em Competências".

"Jogos para Seleção com Foco em Competências".

"Gestão por Competências: Atração e Captação de Talentos Humanos".

"Avaliação por Competências ferramenta de Mensuração ou Desenvolvimento?.

Mini Currículo da Autora:

Sócia diretora da *Rabaglio Educação Empresarial em Recursos Humanos Ltda*, com formação em Contabilidade e Psicologia, além de diversas especializações em Gestão de Pessoas.

Autora dos livros: *Ferramentas de Avaliação de Performance com Foco em Competências; Jogos para Seleção com Foco em Competências; Gestão por Competências: Atração e Captação de Talentos Humanos; e Avaliação por Competências: Ferramenta de Mensuração ou Desenvolvimento?*.

Pioneira no lançamento de ferramentas de Gestão por Competências no Brasil, através de cursos, livros e participação em vários Congressos nacionais e internacionais, larga experiência para implantar projetos de Gestão de Pessoas por Competências, Desenvolvimento Gerencial, Desenvolvimento de Competências e outros em grandes empresas públicas e privadas, dentro e fora do País.

Alguns Clientes

Aços Villares; Akzo Nobel; Ambev/RS, Atta/ Grupo Accor; Aurora Alimentos; Avon; Banco do Brasil/DF; Banco Nossa Caixa; Banpará/PA; Bradesco Vida e Saúde; Braspar; Benteler/Campinas; Bridgestone Firestone do Brasil; Carbocloro; Cecresp, Ceturb/ES; CNC/RJ e DF; Comgás; Corny Ferry; CPFL; DAE/Jundiaí; DHL; Day Horc/BA; Embratel/RJ; Faculdade Mackenzie; Faculdade Oswaldo Cruz; Festo Brasil; Fingerprint; Frangos AD'ORO; Gerdau; Grupo Simões (Coca-cola)/AM; Kley Hertz /Porto Alegre; Hospital do Câncer/SP; Hospital São Camilo; Hospital São Paulo; Instituto Nokia/AM; Interprint; Itautec; John Deer; Leroy Merlin; Louis Dreyfus; Magazine Luiza; Mahle Metal Leve; Masa da Amazônia/AM; Monsanto; Nipomed; Pão de Açúcar; Perdigão; Petrobrás/RJ; Peugeot/RJ; Philip Morris/RS; Pilkington; Planer Corretora; Portonaves; Rede Pestana de Hotéis; Renner; Robert Bosch; Rhodia; Sadia; Santher/ Papéis Santa Therezinha; Saveiros; Seara Alimentos; Sebrae Corumbá; Senai/SC; Sescoop/SP; SOS Computadores; Sonangol/Angola; Telefônica Celular/RJ e ES; Transpetro/AM; TJ/PE; TRE/BA; Tribunal de Contas/MG; Tribunal de Contas/SC; TJ/AP; TRT/ES; TJ/DF; Ultragás; Unesp/Botucatu; Unimed Florianópolis/ABC; Usiminas; Vale/RJ, MA e MG, Viação Cidade Azul; Viação Piracicabana/Baixada Santista; Yamaha; WEG; Wickbold; e muitas outras.

Contato:
Rabaglio Educação Empresarial
Rua Demétrio Ribeiro, 578-A, sala 4
CEP 03.332-000 - São Paulo/SP